사유의 윤리

KB023468

우리 시대의 새로운
프런티어 21
지적 대안 담론

사유의 윤리

현대 프랑스 철학에 대한 헌사

알랭 바디우 지음 | 이은정 옮김

도서출판 길

지은이 **알랭 바디우**(Alain Badiou, 1937~)는 모로코의 라바(Rabat)에서 태어났다. 그의 아버지는 레지스탕스 활동을 한 사회주의자였고, 제2차 세계대전 이후 툴루즈 시장을 지내기도 했다. 바디우는 프랑스 파리고등사범학교 출신으로 젊은 시절에는 사르트르주의자였고, 이후 알튀세르의 작업에 참여해 1968년 과학자를 위한 철학 강의에서 '모델의 개념'이라는 제목으로 강연을 하기도 했다. 그러다 1968년 5월 혁명 이후 확고한 마오주의 노선을 취하며 알튀세르와 결별했고, 1970년대 내내 마오주의 운동에 투신했다. 하지만 이후 프랑스에서 마오주의 운동이 쇠락하자 다른 정치적 · 철학적 대안을 찾고자 노력한다. 1988년 『존재와 사건』을 출판해 철학의 새로운 가능성을 타진하고 그 틀 안에서 새로운 정치적 전망을 연 그는, 왕성한 집필 활동을 하며 새로운 '진리철학'을 확립했다. 뿐만 아니라 2000년 이후 중요한 정치적 사안에 개입해 신자유주의 정치를 신랄하게 비판하는 한편, 실뱅 라자뤼스, 나타샤 미셸 등과 함께 1985년 '정치 조직'(L'Organisation politique)을 설립하는 등, '당 없는 정치'라는 슬로건으로 의회민주주의에 대한 가장 근본적인 비판을 수행하고 있다. 이러한 정치적 개입은 『정황들』 연작 등에서 확인할 수 있다. 파리8대학 교수로 재직했고, 1999년부터 파리고등사범학교 교수로 활동했으며, 2002년에는 고등사범학교 부설 프랑스현대철학연구소를 창설했다. 현재는 스위스 자스페(Saas-Fee)에 위치한 유럽 대학원(European Graduate School, EGS)의 르네 데카르트 석좌 교수로 있다. 지은 책으로 『철학을 위한 선언』, 『수와 수들』, 『조건들』, 『윤리학』, 『사도 바울』, 『세기』, 『세계의 논리』, 『사랑 예찬』, 『플라톤의 국가』 등이 있다.

옮긴이 **이은정**(李恩妊)은 연세대 간호학과와 홍익대 대학원 미학과를 졸업했다. 연세대 비교문학과에서 「이방인들의 공동체: 인간과 공동체에 대한 하이데거와 레비나스의 사유」로 박사학위를 받았고 서울대 철학과에서 박사후과정을 이수했다. 주요 논문으로 「예언자의 언어와 두 갈래의 시간」, 「하이데거의 민주주의 비판과 미학적 공동체」, 「하이데거와 오이디푸스」, 「안티고네와 법의 문제」 등이 있으며, 「기억에 대한 매혹과 저항 사이」, 「신뢰에 관한 연구」, 「삶은 총체성에 다다를 수 있는가」 등의 문학과 미술비평 활동을 병행하고 있다. 역서로 『황금 노트북』(공역, 뿔, 2007), 『아버지란 무엇인가』(르네상스, 2009), 『레닌 재장전』(공역, 마티, 2010), 『인문학의 미래』(동녘, 2011) 등이 있다. 연세대와 동덕여대 강사를 거쳐 현재 경희대 후마니타스 칼리지 객원교수로 재직 중이며, '월요일 독서클럽'의 회원으로 활동하고 있다.

우리 시대의 새로운
프런티어21
지적 대안 담론 ⑬

사유의 윤리
–현대 프랑스 철학에 대한 헌사

2013년 9월 10일 제1판 제1쇄 인쇄
2013년 9월 20일 제1판 제1쇄 발행

지은이 | 알랭 바디우
옮긴이 | 이은정
펴낸이 | 박우정

기획 | 이승우
편집 | 권나명
전산 | 김기분

펴낸곳 | 도서출판 길
주소 | 135-891 서울 강남구 신사동 564-12 우리빌딩 201호
전화 | 02)595-3153 팩스 | 02)595-3165
등록 | 1997년 6월 17일 제113호

한국어판 ⓒ 도서출판 길, 2013. Printed in Seoul, Korea
ISBN 978-89-6445-074-1 03100

| 차례 |

1
서곡

　이제는 고인이 된 프랑스 철학자들에게 바치는 이 헌정의 글을 위해 내가 처음에 생각한 제목은 '추도사'였다. 경쾌한 느낌을 주기에는 부족한 제목이었지만 주요한 문학사를 포괄할 수 있는 장점이 있었다. 하지만 적절한 것은 아니었다. 나의 삶과 독서와 싸움들과 열정들을 이끌어온 사상가들이었던, 나의 친구이자 적이자 까다로운 경쟁 상대였던 그들에 관해 말할 때마다, 내가 느끼는 감정은 대단한 문필가이기는 하지만 권력에 봉사했던 자크 베니뉴 보쉬에[1]의 방식과는 다른 것이었다. 나는 축도를 하고 귀감이 되고 심지어 판단을 내리는 것을 필수

---

[1] Jacques-Bénigne Bossuet, 1627~1704: 프랑스 주교이자 신학자로, 루이 14세에게 신학에 기초한 정치 이론인 신권왕제(神權王制)의 기틀을 만들어주면서 프랑스 교회의 대변인이 되었다. 2007개의 연설문이 전해질 만큼 당시 가장 탁월한 설교가로 명성을 떨쳤으며, 추도사로도 유명하다.

로 여기는 그의 방향에 수긍할 수 없었다. 그래서 에릭 아장[2]이 이 제목을 제안했을 때 나는 거의 별다른 고려 없이 동의했는데, 이는 죽음과는 거리가 먼 생기 있는 제목처럼 여겨졌기 때문이다. 그렇게 나는 죽음도 침울한 분위기도 우리의 관심사가 되어서는 안 된다는 점을 견지하려고 했다. 만일 철학이 어떤 목적에 봉사한다면, 그것은 음울한 열정의 고통으로부터 우리를 떼어놓는 것이며, 연민은 고상한 감정이 아니라는 것을, 불평은 올바른 이성이 아니라는 것을 그리고 희생은 사유를 위한 시작점이 아니라는 것을 우리에게 가르쳐주는 것이다. 한편으로, 플라톤의 태도가 최종적으로 확증한 것처럼, 보편성을 지향하는 모든 정당한 열정과 창조는 필요하다면 선(善)이나 아름다움 같은 것에 기대서라도 진리로부터 비롯되어야 한다. 또 다른 한편으로, 루소가 말했던 것처럼 인간이라는 동물은 본질적으로 선하기 때문에, 만일 인간이 선하지 않다면 그것은 그런 상태를 강제하는 어떤 외부적 요인 때문이고, 이런 요인들은 지체 없이 가능한 한 신속하게 탐지되어야 하고 근절되어야 하고 파괴되어야 한다. 인간이라는 동물의 본성이 악의적이라고 주장하는 사람들은 단지 인간을 자본의 순환에 봉사하는 침울한 임금노동자나 의기소침한 소비자로 만들기 위해 길들이고자 하는 자들이다. 다양한 세계들 속에서 영원한 진리들을 창조할 능력을 지닌 인간은

---

2 Eric Hazan: 이 책이 출판된 라 파브리크(La Fabrique) 출판사의 공동 대표이자 작가로
『긴장 속의 파리』(*Paris sous tension*, 2011), 『파리의 발명: 헛걸음은 없다』(*L'Invention de Paris: Il n'y pas de pas perdus*, 2012), 『프랑스혁명의 역사』(*Une histoire de la Révolution française*, 2012) 등의 저서가 있다.

종교가 자신의 분신으로서 필요로 해온 천사를 자신 안에 가지고 있다. 엄밀한 의미에서 철학이 아주 오래전부터 우리에게 가르쳐준 것이 바로 이것이다. 이 내면의 천사가 스스로를 드러내기 위해서는 다채롭고 광범위한 형식들을 취하지만 궁극적으로는 언제나 동일한 하나의 원칙 또는 하나의 규범을 붙들고 있는 것이 중요하다. "환영(幻影)을 물리치고 투쟁을 준비하라"는 마오쩌둥의 원칙이 그런 예로 선택될 수 있을 것이다. 환영에 맞서 진리를 붙들어라. 그리고 상황이 어떻든지 간에 굴복하기보다는 맞서 싸워라. 나는 내 작은 판테온(Pantheon)이 맞아들인 열네 명의 인물들이 견지했던 진짜 철학은 바로 이것이라고 생각한다.

문제는 오늘날 '철학'이라는 이름 아래 우리에게 받아들이라고 부추기는 하나의 규범이 이와는 반대되는 것, 즉 "환영을 즐겨라, 항복할 준비를 하라"고 말한다는 점이다. 우리는 '철학'이 이런저런 잡지들에서 식물을 이용한 자연 치유법이나 광신자들을 위한 안락사 같은 것으로 등장하는 모습을 보아왔다. 철학을 하는 것은 건강을 유지하고 능률적인, 그러면서도 냉정을 유지하는 것과 같은 거대한 프로그램의 작은 부분이 되어가고 있다. 우리는 선(善)이란 실현 불가능한 것이며, 심지어 범죄적인 것이기 때문에 필사적으로 ─ 무엇보다 특히 우리의 양키 친구들과 협력하면서 ─ 다양한 형태의 악(惡)과 맞서 싸우는 것으로 만족해야 한다고 '철학자들'이 선언하는 것을 보아왔다. 여기서 악은 '아랍'이나 '이슬람'이라기보다는 '공산주의'라는 명칭을 가진 것으로, 이것들은 면밀히 주시되어야 한다. 이런 점에서 우리는 철학이 오래전부터 우리로 하여금 벗어나게 도와주었던 다음과 같은 '가치들'

이 부활하는 것을 목격하고 있다. (상업적인 계약들에 대한) 복종, (텔레비전에 등장하는 익살꾼의 거만함 앞에서의) 겸손, (이득이 나야 하고 불평등해야 한다는) 현실주의, ('근대적 개인주의'의 세례를 받은) 완벽한 이기주의, (서구의 민주적인 선인들 대 남쪽의 전제적인 악인들이라는) 식민주의적 우월감, (모든 견해를 고려해야 한다는) 생기 있는 사유에 대한 적대감, (다수가 언제나 적법하다는) 숫자에 대한 미신, (지구는 바로 내 발 아래서만 뜨거워진다는) 터무니없는 천년왕국설, (무엇인가가 반드시 존재해야 한다는) 공허한 종교 등등, 이 정도만 열거하기로 하자. 너무나 많은 철학자들과 철학들이 이러한 부활을 제지하기보다는 그 반대로 단신 기사들과 논쟁들, 현란한 헤드라인들("스톡옵션의 윤리: 드디어 철학자들 입을 열다")과 야단스러운 원탁회의들("스트링[3]과 베일 사이의 철학자들")을 통해서 우리에게 이를 전파하기 위해 전력을 다하고 있다. '철학자'와 '철학'이라는 단어들의 이 끊임없는 매춘 — 이것의 기원은 질 들뢰즈(Gilles Deleuze)에게 비판받았던 1976년부터 시작된 '신(新)철학자들'[4]

---

3 가느다란 끈이나 레이스로 만들어 엉덩이가 다 드러나는 팬티.

4 Nouveaux philosophes: 1970년대 중반 마르크스주의와 결별하면서 좌파의 이념과 정책이 전체주의적 성향으로 기울 수밖에 없다고 비판하고 나선 일군의 철학자들을 가리킨다. 대표적인 이들로는 베르나르 앙리 레비(Bernard Henri Lévi)와 앙드레 글뤽스만(André Glucksmann), 크리스티앙 장베(Christian Jambet), 기 라르드로(Guy Lardreau) 등이 있다. 이들은 프랑스 좌파 연합이 위기를 겪고 있던 1977년부터 각종 미디어를 통해 화려하게 부각되었으며, 지성계가 아니라 미디어의 주목을 통해 인정을 받았다는 점에서 미디어 철학자들이라고 할 수 있다. 이러한 영향으로 앙리 레비의『인간의 얼굴을 한 야만』(*La Barbarie à visage humain*, 1977)과 글뤽스만의『사유의 거장들』(*Les Maîtres penseurs*, 1977)은 최고의 베스트셀러가 되었다. 미셸 푸코(Michel Foucault)와 롤랑 바르트(Roland Barthes) 같은 저명인사들이 이들 저서를 인정하고 나서자, 들뢰즈는 "그들의 철학은 형편없다"고 비난한 것으로 유명하다.

의 순전히 미디어적인 제작품이었음을 상기할 필요가 있다 — 은 그렇지만 결국 우리를 낙심시킬 뿐이다. 만일 상황이 이렇게 계속된다면, 우리가 '철학적'이라고 선언할 수 있는 것은 더 이상 카페들이 아닐 것이다. (최근까지 상투적인 잡담들이 자리하던 '상업적 카페'의 계승자라는 점에서 '철학 카페'는 정말로 가련한 발명품이다.) 우리는 이런 철학적인 편의 시설들 안으로 당당하게 침투해 들어가 끝장을 내야 한다.

그렇다, 바로 이런 점에서 철학자가 무엇인지를 떠올려보는 것이 적절할 것이다. 그리고 지난 수십 년간 프랑스에서 이런 명칭을 가장 많이 수여받아왔던 사람들의 예를 떠올려보는 것도 좋을 것이다. 우리는 스테판 말라르메(Stéphane Mallarmé)가 「이지튀르」(Igitur)의 아무것도 요구하지 않는 [묘지 장면]에서 "무한이 끝내 고정되지 않는다면 행위란 완전히 부조리한 것"[5]이라고 말했던 것처럼 그들이 막대한 어려움 속에서, 위대한 사유의 긴장감 속에서, 적어도 하나의 진정한 이념을 찾아내야 할 필요가 있음을 조건 없이 받아들일 것을 제안했던 그리고 그러한 결과들에 결코 굴복하지 않았던, 그런 이름의 단어들을 일신하고 새롭게 빛내기 위해 그들에게 도움을 요청해야 한다.

요컨대 나는 무한의 이름으로 그것을 날조한 이들에게 소송을 걸었던 나의 친구들, 이제는 작고한 철학자들을 증인으로 소환하려 한다.

---

5 바디우가 인용하고 있는 이 문장은 말라르메의 시 「이지튀르」에서 '주사위 던지기'라는 장의 네 번째 장면이다. 원문은 이렇다. "Et que quant à l'Acte, il est parfaitement absurde sauf que mouvement (personnel) rendu à l'Infini: mais que l'Infini est enfin fixé."(행위에 대해 말하자면, 무한으로 돌아가는 [개인적] 운동을 제외하면 그것은 완전히 부조리한 것이다. 무한이 끝내 고정되지 않는다면.)

추도하는 목소리의 중계를 통해 그들은 현대의 민주적인 유물론의 정언명령인 "이념 없는 삶"(Vis sans Idée)이 천박하고도 근거 없는 것이라고 말하리라.

여기 모인 글들은 각기 다른 형태와 의도를 가지고 있다. 때로는 그들의 부고(訃告)를 듣고, 때로는 추모식에서, 또 때로는 그들을 추도하는 학술 행사를 위해 작성되었지만 이 글들 모두는 위대한 정신들에게 바치는 존경을 담고 있다. 헌정된 글들은 짧은 기고문에서 상당한 분량의 성찰까지 다양하지만, 그런 차이가 어떤 위계적인 의미를 갖는 것은 아니다. 그리고 뒷부분에 실린 '글의 출처'는 이 소박한 글들의 출전과 발표된 날짜 외에도 언급된 철학자들과 나의 지적인 관계에 대한 약간의 보충 설명을 담고 있다.

이들 가운데 몇몇은 내 젊은 시절의 스승이었지만, 오늘날 나는 그들 가운데 누구의 이론적 건축물에도 전적으로 속하지 않는다고 말할 수 있다. 몇몇 사람은 나와 우정으로 연결되어 있었고, 또 다른 몇몇과는 반목하는 관계였다. 하지만 나는 오늘날 우리가 들이켜야 할 독약들[6]을 앞에 두고 지금 이 자리에서 내가 사랑하는 열네 명의 작고한 철학자들에 대해 말하게 된 것이 무척이나 기쁘다. 그렇다. 나는 그들 모두를 사랑한다.

---

6 소크라테스가 아테네 재판에서 사형선고를 언도받고 마셨던 독약을 의미한다. 철학자는 자신의 시대가 요구하는 독약들을 마실 수 있어야 한다는 것이 바디우의 기본적인 태도인 것 같다.

2
자크 라캉
Jacques Lacan, 1901~81

최근 작고한 이 사람은 불안정한 이 나라의 희박해져가는, 정말 희박한 위대함 가운데서도 최고의 위대함을 지닌 사람이었다. 미디어의 목적이라는 것이 언제나 저널리즘이라는 일시적이고 한정적인 문장과 병행하는 것임에도, 미디어는 그가 지닌 이런 위대함을 아주 분명히 보여주었다. 그들은 특히 공공연한 적수들과 쓰레기를 뒤지는 자들에게도 그에 대해 말할 수 있는 언어를 할애해주었다.

죽음조차 적들을 침묵시키지 못했다는 것은 정말로 우리 사회가 얼마나 야만적인가를 보여주는 하나의 표지다. 정신분석학의 모든 난쟁이들과 가십 칼럼니스트들은 "내 길을 막아섰던 그가 마침내 죽었다! 이제는 **나에게도(Moi)** 약간의 관심을 기울여라!"라고 비열한 외침을 내질렀다.

사실, 라캉은 처음부터 '자아'(Moi)의 환영적인 일관성에 대항해 전쟁을 수행해왔다. '자아의 강화'를 제안하며 사람들에게 사회적 합의를 받아들이라고 주장했던 1950년대 미국의 정신분석학을 거부하면서 라캉은 주체라는 것이 언어의 상징적 한정 아래 있는, 환원 불가능한 욕망의 주체이며, 상상계 안에서가 아니라면 현실에 적응할 수 없는 그런 것이라고 주장했다.

라캉은 사실상 욕망의 원인이 잃어버린 결핍된 어떤 대상이며, 그에 따라 상징계의 법 아래에서 분절(分節)되는 욕망을 실체도 없고 본질도 없는 것으로 설정했다. 그것은 단지 하나의 진실만을 가질 뿐이다.

정신분석에 대한 이런 유난히 가혹한 비전을 가지고 그는 때때로 아주 짧게 끝나고 마는 분석 세션을 통해서 큰돈을 벌었는데, 그것은 행복이 아닌 진실의 게임이었다. 정신분석의 중대하면서도 아무것도 아닌(nul) 역할은 욕망의 진실이 경유해가는 단절의 기표를 주관적인 섬광처럼 반짝거리게 해주는 것으로서, 그러는 동안 정신분석가는 이 작업의 잔여물이 더는 남아 있지 않다는 것을 최종적으로 승인해야 했다.

짧은 분석 세션들은 진심으로 진실을 증오했던 라캉과 대립하면서 양극화되었다. 그 결과 그는 국제정신분석학회로부터 말 그대로 제명되었다.[1] 자신의 사상을 전파할 수 있는 조직의 필요성과 그가 정신분석의 윤리학이라 생각했던 것에 합치되는 것을 실행할 분석가들을 양

---

1 분석가와 피분석가의 이상적인 상담 시간을 프로이트가 50분이라고 제안한 것에 근거해, 국제정신분석학회에서는 이 시간을 철저하게 지키는 원칙을 세웠으나 라캉은 지키지 않았다. 라캉은 무의식이라는 것이 연속적인 시간의 논리가 아닌 비약의 논리에 의해 작동하므로 일정한 상담 시간을 설정하게 되면 오히려 피분석가의 방어기제가 견고해질 뿐이라고 맞섰다. 이러한 대립으로 인해 라캉은 국제정신분석학회로부터 제명을 당한다.

성할 필요성은 그로 하여금 자신의 학회를 설립하도록 이끌었다. 하지만 그곳에서의 분열과 해체 또한 그가 마지막까지 밀어붙였던 엄격한 입장 고수에 대한 격렬한 저항을 증언하는 것이었다.[2]

사람들은 그가 1970년대부터 확신의 말투를 갖게 되었고, 나이도 들었거니와 더 이상 가치 있는 어떤 것도 전파하지 않았다고 이야기한다. 그러나 내 생각은 이와 다르다. 기표의 규칙에 종속된 주체 이론을 유감스럽게 생각하면서 라캉은 주체와 실재의 관계에 대한 탐구를 최대한 멀리까지 밀어붙였다. 기표의 규칙들만으로는 더 이상 충분치 않았다. 일종의 무의식의 기하학이라 할 수 있는 것이 필요했고, 그것은 주체-효과(l'effect-sujet)가 펼쳐지는 세 가지 심급들(상징계, 상상계, 실재계)에 대한 새로운 구상으로 이어졌다. 위상학에 대한 라캉의 호소는 그의 사유가 진입한 새로운 단계에서 나온 내적인 요구였으며, 바로 이를 통해 그의 근본적인 유물론이 드러나게 되었다.

정치는 실재를 건드리지 않는다고 라캉은 주장했다. "사회적인 것은 언제나 하나의 외상(外傷)이다"라고 그는 말했다. 하지만 그가 제안한 주체의 변증법은 하나의 불가피한 방책이었고, 위기에 처한 마르크스주의를 위해서는 이를 받아들여야 했다. 실제로 제3인터내셔널에서 출현한 당-국가들(partis-États)의 완전한 실패(fiasco)는 정치적 주체의

---

2 국제정신분석학회로부터 제명당한 후 라캉은 1964년에 자신을 따르는 사람들과 함께 파리 프로이트 학회(L'Ecole Freudienne de Paris)를 설립했다. 그러나 사망 한 해 전인 1980년에 "나는 제자가 필요 없다"라는 말과 함께 자신이 설립한 학회를 해체하고, 이전에 절친했던 동료들을 배제한 채 '프로이트의 대의'(La Cause Freudienne)라는 조직을 다시 결성했다. 이로 인해 라캉은 많은 비난을 받았으며 법정 분쟁에 시달렸다.

본질에 관한 근본적인 질문을 열어주었다. 그리하여 오늘날은 (사르트르의 테제인) 의식이라고 가정된 주체(sujet conçu)도, 본질적인 실체라고 가정된 주체도 받아들일 수 없게 되었다. 우리는 확실히 라캉이 자신의 공식으로 이론화한 분열되고 방황하는 주체를 통해 이전의 난관들을 어떻게 극복해야 하는지 알 수 있게 되었다. 왜냐하면 주체는 현실을 표상하는 이념도, 노동자계급의 이념도 아닌, 하나의 파열로부터 발생한 것이기 때문이다. 오늘날 프랑스의 마르크스주의자들에게 라캉은 1840년대의 독일 혁명들과 관련해 프리드리히 헤겔(G. W. F. Hegel)이 맡았던 그런 역할을 맡고 있다.

지식인들이 상대적으로 진부하거나 비굴해지는 상황에서, 사르트르의 죽음 이후 라캉의 죽음은 그 어떤 것으로도 만회할 수 없을 것이다. 우리는 그가 계속해서 말하고자 했던 것에 충분한 관심을 기울여야 한다. 그에게는 가르침의 내용 외에도 이제는 매우 이례적인 것이 되어버린 사유의 윤리가 있었다.

『앵무새』(*Le Perroquet*)[3]는 당연히 이런 윤리의 측정 불가능한 사정거리 안으로 되돌아올 것이다. 하지만 지금은 더 이상 우리와 함께하지 않는 그에게 어떤 제약도, 어떤 오만함도 없이 존경을 표하는 일이 무엇보다 중요하다.

---

3 바디우와 나타샤 미셸(Natacha Michel)이 창간한 비평 이론 잡지.

3
조르주 캉길렘과 장 카바예스
Georges Canguilhem, 1904~95 / Jean Cavaillès, 1903~44

우리는 여기에서 고대의 예법을 따라 죽은 거장들을 살아 있는 거장들로 기념하고자 한다. 그렇게 함으로써 우리는 급변하는 우리 사회의 규칙을, 경박함을 학식(學識)으로 숭배하는 규칙을 두 번에 걸쳐 중지시키려 한다. 왜냐하면 사람들은 무기력한 생존을 지속하기에 바빠서 망자들을 되도록 빨리 망각하려고 하는 데다, 사유의 민주화를 요구하는 대리자들 — '반엘리트주의자들' — 을, 즉 저널리즘을 단호히 거부하는 이 거장들을 조롱하고 있기 때문이다.

캉길렘이 우리 세대의 철학자들에게는 강인하고 사려 깊은 스승이었으며, 지금도 여전히 그러하다는 것은 누구도 반박하지 못할 것이다. 왜 생명과학사의 이 전문가는 한없이 명확한 자신의 사유와는 그토록 멀리 있는 대학에 대해서까지 권위를 행사하려 했던 것일까? 그것은 아마도 그가 지닌 지적인 엄격함에 대한 구상이, 한편으로는 개넘들의 역사를 치밀하게 고려하는 것에서 다른 한편으로는 앙가주망 (engagements)의 순수한 논리에 이르는 것으로까지 확장되었기 때문일 것이다. 그 결과 영원토록 자유로운 대학이라는 구상을 신봉했던 캉길렘은 진정으로 타당한 것과 단지 그런 것처럼 보이는 것을 구분하는 데 있어 어느 누구보다 신중을 기했으며, 자신이 두각을 나타냈던 전문 분야 너머의, 역사의 분절된 의미와 행동 윤리를 결합한 모든 것에 대해서까지 거의 망각되다시피 한 탁월함을 발휘하여 관심을 되돌리려 했다.

그래서 캉길렘이 한 무리의 너무나 이질적인 젊은 철학자들의 스승이 되었던 것은 바로 이런 종류의 선택적인 영향력 덕분이었는데, 이 젊은 철학자들과 그의 운명은 특히 68혁명이 되돌릴 수 없을 정도로 대학 조직을 산산조각 냈을 때 서로로부터 멀어지게 되었다. 당시의 대학 조직은 이런 유의 권위만이 정당한 것이라고 선전했고, 캉길렘은 여기에 충실하게 머무르려 했기 때문이다.

여기서 우리는 두 가지 사실을 추측할 수 있다.

첫 번째로, 캉길렘은 이미 그의 저작들[1]이 알려주는 것처럼 위대한 고전주의자로서, 그의 모든 저서들은 일련의 중요한 논문들을 중심으로 구축되어 있다. 그것들은 해석들의 갈등과 영역들의 재조정이 일어나는 그런 장의 단절들에 관한, 다시 말해 개념들의 계보학에 관한

---

1 [원주] 캉길렘의 다음 저작들을 말한다. 『생명에 대한 인식』(*La connaissance de la vie*, 1965), 『과학사와 과학철학에 대한 연구』(*Études d'histoire et de philosophie des sciences*, 1969), 『생명과학의 역사에서의 이데올로기와 합리성』(*Idéologie et rationalité dans l'histoire des sciences de la vie*, 1981).

역사적인 검증을 통해서 인식론의 고귀한 국가적 전통을 연장하는 ─ 완성하는? ─ 것들이었다. 이런 점에서 캉길렘은 알렉상드르 쿠아레 (Alexandre Koyré)와 가스통 바슐라르(Gaston Bachelard)가 물리학에서 차지하는 위치를 생명과학에서 차지하게 된다. 그리고 나치에 의해 살 해된 레지스탕스 카바예스와 알베르 로트만(Albert Lautman)은 수학에 서 이런 위치를 차지하기 시작한다.

그러나 이런 대상들의 특수성 속에 있는, 캉길렘이 권위의 주관적 역할이라고 표현했던 것을 제외하더라도 여전히 전달 불가능한 것이 남게 된다. 신의 자비 덕분으로 스승의 저작과 삶은 계속되었으며, 이러 한 역할을 1950년에서 1967년 사이의 지식에 대한 우리의 다양한 갈 망과 연결해주었던 제도적이고 사상적인 조건들 역시 유지되고 있다.

그렇지만 나는 『장 카바예스의 삶과 죽음』(Vie et mort de Jean Cavaillès)[2]이라는 작은 책을 염두에 두고 있다. 왜냐하면 이 책은 학술적 인 문체로 쓴 것이 아니라 냉정한 단순함을 통해 살해된 레지스탕스 철 학자에게 경의를 표하고 있어서, 스승들의 잃어버린 비밀의 어떤 부분 을 다른 시대의 사람들에게 전달할 수 있기 때문이다.

이 소책자에는 하나의 장르에 속한 세 가지 텍스트들이 실려 있는 데, 이 장르에 대한 공화주의적인 비통용성은 오직 시대의 야만에 몰락 당하는 것을 앞서서 동의하는 자들만을 속일 수 있을 것이다. 이런 점

---

2 [원주] '보다세르 노트'(Les Carnets de Baudasser) 시리즈 가운데 하나로, 각 권의 번호가 매겨진 464부의 한정판으로 출간되었다.

에서 그것은 한 위대한 망자에 대한 공식적인 추도문이다.

마오쩌둥은 이런 현대적인 아이러니를 즐기지는 않았지만 다음과 같이 주장했다. "우리 가운데 한 사람이 사망한다면, 병사였건 요리사였건 그가 했던 유익한 일들을 기리기 위해 우리는 그를 추억하는 회합을 열고 장례식을 거행해야 한다."

우리는 이 책에서 스트라스부르 대학의 장 카바예스 원형 강의실 개관 연설(1967)과 프랑스 국영 라디오-텔레비전 방송국(ORTF, Office de radiodiffusion-télévision française) 기념 연설(1969) 그리고 소르본에서의 기념 연설(1974)을 읽을 수 있다. 캉길렘은 이 연설들에서 철학자이자 수학자이며, 논리학 교수, 레지스탕스 운동인 '남부 해방'(Libération-Sud)의 공동 창립자, 군사행동 네트워크 카오르(Cahors)의 창립자인 카바예스가 1942년에 체포되고, 탈출하고, 1943년에 다시 체포되고, 고문을 받고 총살당했던 삶을 요약하고 있다. 아라스(Arras) 성곽 구석의 공동묘지에서 발견된 그의 무덤은 그 즉시 '무명인 5번'이라고 명명되었다.[3]

그런데 캉길렘이 이 글들에서 복원하려 한 것은 영웅이라는 명백한 호칭과는 거리가 멀다. ("어떤 낙관주의도 기대하지 않는 단호함과 명석

3 [원주] 카바예스의 저서들은 다음과 같다. 「집합들의 추상 이론 형성에 관한 고찰」(1938), 「초한수와 연속」(1943), 「칸토르와 데데킨트의 서한 모음」(1937)은 헤르만(Hermann) 출판사에서 『수리철학』(Philosophie mathématique, 1962)이라는 모음집으로 출간되었으며, 『과학의 논리와 이론에 대하여』는 브랭(Vrin) 출판사에서 세 번째 판본으로 1976년에 출간되었다. 『공리적 방법과 형식주의』(Méthode axiomatique et formalisme)는 헤르만 출판사에서 1938년에 출간되었다.

한 무모함이라는 폭탄을 들고 질주하는 철학자-수학자. 이런 사람이 영웅이 아니라면 누가 영웅이란 말인가?") 캉길렘은 근본적으로 정합성의 탐색이라는 자신의 방법론에 충실하게 카바예스의 철학과 그의 앙가주망 그리고 죽음 사이를 연결해주는 것이 무엇인지 해독하려고 시도한다.

　카바예스의 연구가 앙가주망의 실존주의(existentialism engagé)나 정치 이론과는 아주 거리가 먼 순수수학에 대한 것이었다는 점에서 그의 이런 시도가 수수께끼처럼 보이는 것은 사실이다. 게다가 카바예스는 개념들(notions)의 내적 필연성을 검증하기 위해서는 수리철학이 수학자가 설정한 주제에 대한 모든 참조들을 제거해야 한다고 생각했다. 이미 잘 알려진 「과학의 논리와 이론에 대하여」(Sur la logique et la théorie de la sceince, 이 논문은 페탱 정부의 의뢰로 에고Eygaux의 생 폴 수용소에 처음 수감되었을 때 집필되었다)라는 논문의 마지막 구절은 의식에 관한 철학을 개념들(concepts)의 변증법으로 대체해야 한다고 논하고 있다. 이런 점에서 본다면 카바예스는 1960년대 철학자들이 시도했던 것을 20년이나 앞서 예상했던 것이다.

　그렇지만 캉길렘이 카바예스의 앙가주망과 논리학자로서의 실천 사이의 통일성을 파악할 수 있었던 것은 바로 이런 엄격함에 대한 요구와 필연성에 대한 학문적 숭배 덕분이었다. 스피노자 학파에 속했던 카바예스는 인식을 탈주체화하고자 했으며, 동일한 방식으로 저항을 자아에 대한 어떤 참조도 막을 수 없는, 회피할 수 없는 필연성이라고 여겼다. 그리하여 1943년에 그는 다음과 같이 선언했다. "나는 스피노자주의자다. 그리고 나는 우리가 도처에서 필연적인 것들을 붙들고 있다고 생각한다. 수학자의 논리적 추론 또한 필연적이고, 수학이라는 학문의 단계들 또한 필연적이며, 우리가 이끌고 있는 이 투쟁 또한 필연적이다."

이에 따라 카바예스는 본인에 대한 모든 참조를 내려놓은 채, 로리앙에 정박한 독일 해군의 잠수함에 노동자의 작업복을 입고서 침입할 정도로 레지스탕스의 극단적인 형태를 실천했으며, 이와 동일한 방식으로 절제된 끈기를 가지고 학문을 수행했다. 바루흐 스피노자(Baruch de Spinoza)가 "자유로운 사람은 죽음에 대해 생각하지 않으며, 그의 지혜는 죽음이 아니라 삶에 관한 명상에서 나온다"라고 확신했던 것처럼, 카바예스에게 죽음은 단지 하나의 우연적이고 중립적인 결말이었다.

캉길렘이 말한 것처럼 "카바예스는 **논리에 근거한** 레지스탕스였다." 그리고 이러한 단언은 캉길렘이, 이 점에 대해서는 침묵을 지켰지만 그의 생각과 다르게 우리가 알고 있는 것처럼, 다소 이와 동일한 원칙 아래 레지스탕스에 참여했던 것을 추측해볼 때 상당히 강력한 긍정이다.

이런 점에서 그는 "그토록 조심스러워야 했던 자신들의 저항에 대해 말할 수 있는 것은 자신들뿐이기 때문에 자신들에 대해서만 떠들어대는" 인격, 도덕, 양심의 철학자들을 정당하게 조롱할 수 있었다.

우리는 아마도 왜 캉길렘이 우리에게 철학의 진정성을 알려주는 적임자인지 충분히 알 수 있을 것이다. 그것은 어김없이 불일치가 터져나오는 정치의 문제가 아니라 정치를 보편적인 가능성으로 만드는 것에 관한 문제이며, 거부할 수 없는 역사적 대의가 우리에게 헌신하기를 요구한다면, 우리에게 그다지 중요하지 않은 것이라 할지라도 헌신할 채비를 하는 것이다. 만일 우리가 그러한 요구를 충족할 수 없다면, 우리는 자신의 존엄성을 넘어서 모든 윤리를 그리고 최종적으로는 모든 논리를, 다시 말해 모든 사유를 희생하게 된다.

사유의 질서는 근본적으로 주관적인 확고함에 기반한 억제할 수 없는 요구가 없다면 아무것도 아니다. 폴란드 노동자들이 자신들의 저항에 스스로 이름을 부여할 때 그리고 전쟁이 다시금 어슬렁거릴 때, 이러한 교훈은 결코 헛된 것이 아니다.

그러므로 카바예스에게 존경을 표했던 캉길렘에게 존경을 표하는 것은 당연하고도 적절한 것이며, "자유로운 인간만이 진정으로 다른 사람들 사이에서 서로를 알아볼 수 있다"고 말한 스피노자의 말을 다시 한 번 빌려보자면, 그들이 서로를 알아볼 수 있었던 것 역시 당연하고 적절한 것이었다.

4
장 폴 사르트르
Jean Paul Sartre, 1905~80

사르트르는 세 번의 거대한 정치적 투쟁에 참여했다. 사르트르가 진보적인 지식인의 상징적 인물이 되었던 것은 이런 투쟁들 덕분이었다. 비록 오늘날은 각각의 투쟁이 마치 하나의 운동에 지나지 않는 것처럼, 마치 반작용에서 나온 것처럼 실수나 왜곡 혹은 범죄라 불리는 비판을 받고 있어 모든 이들이 애석해하지만 말이다. 1950년대에 사르트르는 반(反)공산주의가 맹위를 떨치고 친미 정당이 활개를 치는 분위기에도 불구하고 노동자계급의 목소리를 대변하는 유일한 정당이라는 점에서 프랑스 공산당의 편을 들었다. 1960년대에 사르트르는 반제국주의 진영에 참여했다. 그는 알제리에서 벌어진 식민지 전쟁에 반대하는 투쟁을 펼쳐 나갔다. 거기에서 그는 제3세계 민중이 갖고 있는 대중의 힘을 발견했다. 1970년대 초반 혹은 68혁명 이후로 사르트르는 프랑스 공산당의 반동적 성격을 경험하게 되었다. 그래서 당시의 마오주의자들과 함께 그는 이민자들, 비숙련 공장노동자들, 프랑스 북부 지역의 광부들 편에 섰으며, 반자본주의자들과 반노동조합주의자들의 저항을 지지했다.

저항에 대한 30년간의 올바른 판단, 입장에 대한 정확한 변모 그리고 그에 적합한 분노. 게다가 거기에 더한 확고부동한 국제적 명성. 우리(프랑스) 문학사에서 이에 비견할 만한 인물은 오직 장 칼라스(Jean Calas)와 피에르-폴 시르방(Pierre-Paul Sirven), 훈작사 드 라 바르(Chevalier de la Barre)를 변호했던 18세기 문학의 왕자 볼테르(Voltaire)[1]와 『사회계약론』을 분서(焚書)당했던 베스트셀러 소설가 장 자크 루소(Jean Jacques Rousseau) 그리고 12월 2일의 쿠데타[2]에 저항했고 이후에는 파리 코뮌의 억압에 대항했던 당시의 거의 유일한 예술가이자 지식인, 살아 있는 역사적 기념비라고 할 수 있는 빅토르 위고(Victor Hugo)뿐이다. 이들은 우리 프랑스의 위대한 국민 문필가들이다. 이들은 광범위한 독자층과 명예로운 지위, 누구에게도 머리를 숙이지 않는 불복종

---

1 Voltaire, 1694~1778: 본명은 프랑수아 마리 아루에(François-Marie Arouet)로 프랑스를 대표하는 계몽사상가다. 볼테르는 부당한 일에 대해서는 신분과 지위를 막론하고 거침없이 비판을 제기한 것으로 유명한데, 대표적인 사례들이 장 칼라스와 시르방, 훈작사 드 라 바르 사건이다. 장 칼라스와 시르방 사건은 신교도였던 그들이 가톨릭으로의 개종을 막기 위해 자식들을 살해했다는 누명을 쓰고 종교재판으로 사망한 사건이고, 드 라 바르 사건은 성상(聖像) 앞에서 모자를 벗지 않았다는 죄목으로 참수형과 화형을 받은 사건이다. 볼테르는 당시 프랑스에 만연한 종교적 폭력들을 지켜보면서, 종교는 단지 개인적인 믿음의 문제일 뿐이며 정치는 종교와 분리되어야 한다는 정교분리 원칙을 제시했다. 이에 관한 대표적인 저서가 『관용론』(Traité sur la tolérance, 1763)이다.

2 보나파르트 나폴레옹의 대관식이 열린 날짜로, 이날로부터 프랑스는 혁명의 결실을 내지 못하고 다시 왕정 체제로 돌아가게 된다.

그리고 결코 꺾이지 않는 저항의 운동성을 결합했다. 이들은 결단코 굴복하지 않는 문필가들이었다.

　만일 사르트르에게 수수께끼 같은 점이 있다면, 그것은 오늘날 사람들이 말하곤 하는, 그가 1950년대에 스탈린주의자들과 행보를 함께했다는 점이 아니다. 오히려 그 반대로, 그에게 그것은 진정한 전환의 순간이었다. 사르트르는 프랑스 공산당에 대한 어떤 환상도 실제로 가지지 않았지만, 당시 지식인들이 마주한 선택들이 역사적으로 조건지어져 있다는 것을 깨닫고 있었다. 현존하는 진영들의 바깥에 머물겠다고 주장하는 자들은 이미 그 누구라도 사회적 보수의 입장을 확고히 한 것일 뿐이다. 사르트르가 "모든 반공주의자는 개다"라고 말했을 때, 그는 정치적 현실의 필요성을 기입했던 것이다. 1950년에 모든 반공주의자들이 자신과 타인들에 대한 책임을 포기하고 예속과 억압을 선택했다는 것은 분명한 사실이다. 사르트르가 개별적인 구원의 형이상학으로부터 벗어날 수 있었던 것은 바로 이런 선택의 역사적이고 제한적인 특성 덕분이었다.

　순수하면서도 혼란스러운 이런 전환의 순간을 우리는 그의 희곡 「악마와 선」(Le Diable et le Bon)에서 포착할 수 있다. 주인공 괴츠 (Goetz)는 처음에는 선(善)한 영웅이 되고자 했다가 그다음에는 악(惡)한 영웅이 되고자 한다. 하지만 이런 형식적인 윤리들이 농민 봉기가 일어난 독일의 현실에서는 재앙으로 이어질 뿐이다. 그래서 괴츠는 전쟁에서 승리하겠다는 한 가지 구체적인 목표만을 마음에 새긴 채 농민군에 합류한다. 그는 농민들의 분열로 위태로운 군대를 스탈린이 그랬던 것처럼 승리에만 몰두하면서 공포를 통해 지배한다. 괴츠의 마지막 말은 다음과 같다.

나는 약해지지 않을 것이다. 저들이 나를 두려워하게 만들 것이다. 저들을 사랑하는 다른 방법을 알지 못하기 때문이다. 저들에게 명령을 내릴 것이다. 복종시키는 다른 방법이 나에게는 없기 때문이다. 머리 위의 이 텅 빈 하늘과 함께 나는 홀로 있을 것이다. 모두와 함께 존재하는 다른 방법이 나에게는 없기 때문이다. 치러야 할 이 전투가 있고, 나는 싸울 것이다.

이 시점 이후로 사르트르는 언제나 치러야 할 **하나의** 전투가 있다는 것을 확신하게 된다. 1950년까지만 해도 그는 여전히 고독이 모두와 함께 존재하는 방법이라고 생각했으며, 그것이 그의 과거 행적이었다. 하지만 그는 변화한다. 중요한 것은 사르트르가 1950년부터 앙가주망의 명확성을 지닌 인간, 구체적인 역사적 갈등을 지닌 인간이 되었다는 점이다. 앞서 언급했던 세 번의 거대한 투쟁들이 바로 그러한 사례들이다. 이것이 사르트르의 논리, 심오한 논리다.

사르트르의 수수께끼는 그 이전에 등장한다. 그는 투쟁 하나를 놓쳤으며, 그것은 실천적인 태도나 그의 철학 그 어느 것도 사실상 뒤흔들지 못했다. 반(反)나치 레지스탕스 투쟁이 바로 그것이다. 사르트르는 1945년에서 1950년 사이에 정치로 들어왔다. 그의 유명세는 이전에 형이상학과 예술을 통해 형성된 것이었다. 사르트르가 자신의 첫 번째 철학을 세공한 것은 전쟁 시기였다. 『존재와 무』(*L'Être et le Néant*)는 1943년에 출판되었다. 이 철학과 정치적 앙가주망 사이에는 거대한 간극이 존재한다. 사르트르는 주체의 절대적 자유를 경험의 중심에 위치시키는데, 이 자유는 여전히 엄격한 개별적 의식 속에 들어 있다. 타인과의 관계는 당연히 그러한 의식을 구성하는 하나의 소여(所與)다. 하지만 타인과 나의 관계는 그의 시선 속에서 내가 나 자신에 대해 알고 있는 것을 가로질러 수치스러운 하나의 사물로, 자유롭지만 나 자신은 아닌 그런 존재로 축소시켜버리게 된다. 또한 역으로, 나는 그것을 부인하는, 다시 말해 타자(autre)를 부인하는 타자(l'Autre)가 나에게 가하는 이 존재의 운명으로부터 벗어날 수 없다. 그로 인해 타인과의 즉각적인 관계는 내가 대타-존재(être pour l'autre)가 되는 마조히즘과 타자를 나를 향한 대타-존재로 만드는 사디즘 사이에서 오락가락하게 된다. 두 경우 모두에서 자유는 내가 내 자신 속에서 그것을 부정하든가 타자 안에서 그것을 부정하든가 하기 때문에, 존재 속에 유폐된 것으로 적용된다. 다양한 자유들이 서로를 회피하는 이런 가역성은 상호성을 위한, 투쟁적 연대를 위한 그 어떤 여지도 전혀 제공하지 않는다. 주체는 존재로부터의 자유의 끊임없는 도피이고, 인간은 인간에게 지옥이다. 이런 지평 위에서는 어떤 정치적 원인도 집단적 기획 속에 들어 있는 의식들과 통합될 수 없다. 모든 통합은 외재적이다. 그것이 존재의 형식이다. 존재의 형식은 우리가 사물이 되도록 하기 위해 그리고 우리가 그러한 존재를 자유롭게 수용하도록 하기 위해 자기 자신을 비가시적인 시선으로, 즉 대(大)타자에게로 되돌려보낸다. 따라서 집단적인 모든 기획은 수동적이 될 수밖에 없다. 오직 개인만이 능동적인 중심이 된다. 사르트르는 1960년까지도 여전히 '집단적'이라는 것을 개인들의 다수성으로, 개인들의 통일성을 수동적인 종합으로 칭하게 된다.

한편 1940년대 말부터 사르트르의 엄청난 노력들은 다음과 같은 하나의 질문 주변을 선회한다. 자유롭고 개별적인 의식의 유일한 모델인 능동성이 어떻게 하나의 집단적 소여가 될 수 있는가? 모든 역사적이고 사회적인 현실이 필연적으로 수동적인 것이 되어버리고 마는 이념으로부터 어떻게 벗어날 수 있는가? 이런 노력의 결실은 1960년의 『변증법적 이성 비판』(Critique de la raison dialectique)에서 나타난다.

여기서 역설적인 것은, 그러는 사이 사태가 완전히 다른 방향으로 가버렸다는 점이다. 루이 알튀세르(Louis Althusser)는 사르트르의 시도와 반대로 역사적 주체에 대한 모든 참조들을 제거함으로써 마르크스주의의 예리함을 복구하고자 했다. 그는 마르크스주의적 분석들의 구조적 특징과 사르트르가 신중하게만 다루었던 바로 그 과학성을 강조했다. 현대적 마르크스주의가 맨 처음 착수하려 한 노선은 사르트르의 노선이 아니라 그것이었다. 1960년대 후반의 마오주의자들[3]은 마르크스주의의 엄격함을 중국의 문화대혁명이라는 역사적인 경험과 결합하고자 했다. 그들은 과학의 예리함을 반란의 예리함에 대한 이론적 등가

---

3 1969년에 결성되어 1985년에 해체된 프랑스 마르크스-레닌주의 공산주의자 연합(UCFml 또는 UCF-ML로 약칭)을 지칭한다. 바디우와 나타샤 미셸, 실뱅 라자뤼스(Sylvain Lazarus)가 주축이 되어 만든 것으로, 바디우는 이 그룹을 마오주의 조직이라고 소개하고 있다.

물이라고 주장했다.

하지만 되돌아보면, 68혁명 이후 그리고 오늘날까지도 정치적 주체화는 마르크스주의의 대차대조표에서 중심적인 것으로 나타난다고 할 수 있다. 그것은 다음과 같은 이중의 문제 형태를 취한다.

대중 스스로가 할 수 있는 독자적인 혁명적 활동은 어떤 것인가? 마오주의자들이 말하는 것처럼 대중은 "자신의 고유한 힘을 이해"할 수 있는가? 대중운동과 거대하고 무기력한 제국주의의 정치제도들 간의, 의회와 노동조합 간의 관계는 무엇인가?

오늘날 어떤 정당이 계급을 필요로 하는가? 구성된 정치적 주체의 본질은 무엇인가?

다시 사르트르의 근본적인 관심으로 돌아가보자. 논의를 조금 더 진전시켜보더라도 우리는 여전히 다음과 같이 말할 수 있다. 오늘날 불가피하게 문제가 되고 있는 주체는 **역사**의 주체가 아니다. 역사적 총체성이라는 이념은 우리에게 더 이상 아무런 소용이 없다. 문제가 되는 것은 정치적 주체, 즉 완전히 개별적인 주체다. 그러므로 사르트르의 질문은 엄밀하게 올바른 질문이 아니다. 이 모든 것은 그의 시도를 복잡한 결과로 이끌게 된다.

무엇보다 먼저 사르트르에게서 우리는 사회적 집합들(les ensembles)에 대한 역사적이고 구체적인 놀라운 기술(記述)들을 발견할 수 있다. 그는 세 가지의 주요한 유형들을 구분한다. 무기력한 결집(rassemblement inerte)으로서의 계열(la série), 집단적 자유와 상호성을 지닌 그룹(le groupe) 그리고 그룹에 의해 내면화되는 계열적 형태로서의 조직(l'organisation).

계열은 사회적 무기력의 집단적 형태다. 사르트르는 이를 '비유기적인 사회적 존재들'이라 불렀다. 계열은 각기 홀로인 사람들의 결집인데, 왜냐하면 각 개인은 다른 어떤 사람들과도 상호 교환 가능하기 때문이다. 사르트르가 처음 제시한 사례는 버스를 기다리는 사람들의 대기 행렬이다. 거기 있는 모든 사람들은 동일한 이유를 가지고 있다. 그렇지만 이런 공동 관심사는 그들을 외적으로만 결집시킨다. 이런 외재성은 모두에 대한 각자의 무관심으로 내재화된다. 나는 다른 사람들에게 말을 걸 필요가 없다. 그저 그들처럼 기다릴 뿐이다. 원하기만 한다면, 사람들은 계열 속에서 대상을 통해 결집될 수 있다. 이러한 결집의 통일성은 각자가 대상과 맺고 있는 관계가 동일하다는 사실로부터 구성된다. 하지만 이런 외적인 동일성은 하나의 내적인 이타성이 되어버린다. 가령 내가 대상을 통해 다른 사람과 동일한 것이 되어버린다면, 나는 나 자신과는 다른 것이 된다. 사르트르는 이를 다음과 같이 말한다. "그가 자기에 대해서 **타자**인 만큼, 각자는 **타자**들에 대해서도 **타자**다." 결국 계열의 법칙은 분리를 통한 통일성이다. 사르트르는 이런 정식을 거의 모든 집단들로 확대한다. 조립라인에서의 작업이나 거대 행정부들, 라디오 청취, 이 모든 경우들에서 대상은 하나의 무차별적인 통일성, 즉 분리의 통일성을 생산한다. 이것은 전형적인 수동적 종합이다. 물질적 생산이 개별적 실천들에 반동적 영향을 끼치고 그 실천들을 무기력으로 전체화하는 순간이 바로 이것이다. 계열의 인간적 통일성은 무력함의 통일성이다. 각자는 **타자**와 동일시되면서 자기 자신에 대해서

외재적이 되고, 그로 인해 실천적인 자유로부터 차단된다. 계열은 **타자**의 지배다. 이 지점에서 사르트르는 다음과 같은 마르크스주의의 위대한 생각을 재발견한다. 인민의 무력함은 언제나 그들의 내적인 분할, 다시 말해 그들 자신으로부터의 분리에서 기인한다. 그것이 바로 **타자**의 지배, 즉 부르주아의 지배를 확고하게 해준다. 여기에는 여전히 사르트르적인 회의주의의 흔적이 남아 있는데, 왜냐하면 그에게 계열은 사회성의 근본적인 형식이기 때문이다. 이렇게 말해도 된다면, 그것이 대중의 삶이 지닌 일상적 구조다.

　이와 반대로 융합 그룹(le group en fusion)의 출현은 사회적인 무기력과 대립되는 그의 낙관적인 시도를 특징짓는다. 그렇지만 사유의 전개에서 이러한 단절은 변증법적 모호함의 지점이라는 것을 언급해야 할 것이다. 수동적으로 무력하게 결집한 사람들이, 사회적인 거대 집단들에 의해 분리된 사람들이 도대체 어떻게 갑자기 서로가 서로를 인식하게 되는 능동적인 통일성을 창출할 수 있을까? 이와 관련해서는 사르트르가 앙드레 말로(André Malraux)의 표현을 빌려와 이 사건을 종말론이라고 불렀다는 점을 주목할 필요가 있다. 종말론은 계열이 융합 그룹 속에서 용해되는 것이다. 이때 수반되어야 할 매개는 스스로 부분적으로 외화된다. 계열의 용해를 허용하고 하나의 새로운 상호성을 창조해내는 것, 그것이 바로 의식의 참을 수 없는 특징이다. 예를 들어, 만약 수동적인 무관심 속에서 우리가 기다리고 있는 버스가 오지 않는다면 불평과 항의들이 발생하게 될 것이다. 사람들은 외적인 조건의 비인간적 처우에 대해 서로 말하기 시작할 것이다. 이 단계에서부터 이미 융

합의 요소가 출현한다. 분리의 통일성은 내재화된 통일성처럼 작동된
다. 그래서 나는 타자에게 말을 건넨다. 왜냐하면 그 역시 나처럼 참을
수 없는 기다림을 겪고 있기 때문이다. 이는 "타자가 나와 다른 것처럼
나 역시 타자와 다르다"는 정식이 "내가 더 이상 나의 타자가 아닌 것
처럼 타자 역시 나와 동일하다"로 변화된 것이다. 사르트르가 말한 것
처럼, 계열 속에서의 통일성은 다른 것이, 즉 대상 안에 있는 것이 되어
버린다. 이것은 수동적인 통일성이다. 그러나 융합 그룹 속에서 통일성
은 나와 다른 사람들 모두에게 직접적인 '여기'(ici)다. 이것이 바로 능
동적인 통일성, 도처에 편재하는 통일성이다. 계열 안에는 **타자**가 도처
에 존재한다. 반면 융합 그룹 안에는 **동일자**(同一者)가 도처에 존재한다.

　모든 개인들이 모든 타인들에 대한 자신들의 실천적인 통일성을
각각의 타인들에게 나타내기 위한 가능성이라는 점에서 이것은 새로
운 통일성을 출현시키게 된다. 예를 들어 어떤 사람이 "다 같이 항의하
러 갑시다"라고 말한다면, 모든 사람들이 이를 따르게 되는데, 왜냐하
면 이러한 실천적 요청이 각각의 사람들과 모든 타인들 사이를 매개하
기 때문이다. 이것이 진정으로 활성화된 계열의 용해다. 먼저 말을 꺼낸
인물은 그 어떤 제도적이거나 외적인 지위도 갖지 않는다. 각자가 모든
이들의 상호성을 가능하게 하는 매개자라는 점에서 그는 익명의 사람
일 뿐이다. 사르트르는 이런 인물을 조절적 제3자(le tiers régulateur)라고
칭한다. 조절적 제3자는 모든 개별적인 실천들의 상호성에 대한 실행적
인 관계 속에서 각자의 지위를 가질 뿐이다. 융합 그룹은 서로 차례가
돌아가는 제3자들로 구성되어 있으며, 이들은 융합 그룹의 내재성을 행

위로 전체화한다. 제3자는 우두머리도 아니고 지도자도 아니다. 그것은 자발적인 지시와 지침을 통해서 타인들을 위해 누구라도 될 수 있는 각자다. 이런 제3자들의 그룹은 계열적인 무기력을 용해한다. 그래서 "제3자가 그룹의 수단인 한에서 각자는 제3자의 수단이다."

사르트르는 이 도식을 폭동이나 봉기가 일어났던 날들에 대한 뛰어난 분석에 적용한다. 그는 계열적인 집단들의 구체적인 작용(예를 들어 바스티유 감옥 습격 사건)을 실례로 들면서, 어떻게 참을 수 없는 것(가난, 공포)이 무기력에 압력을 가하는지, "바스티유로 가자"는 외침처럼 융합이 돌발적으로 출현하는지 보여준다. 하지만 주목할 것은 그가 부르주아혁명들, 특히 1789년 혁명[4]에 대해서도 이 틀을 적용한다는 점이다. 이는 말하자면 제도적인 정치 세력들로 구성된 변증법도, 대중 속에서 출현하는 인민의 당(parti populaire)도 폭동의 날들이라는 틀 속에는 들어 있지 않다는 것이다. 이런 점에서 융합은 역사적이고 혁명적인 개념일 뿐, 정치적인 개념은 아니다.

정치가 논의되는 것은 사실상 세 번째 결집 유형인 조직이다. 조

---

4 프랑스혁명을 지칭한다. 재정 악화에 시달리던 루이 16세는 조세개혁을 위해 제1신분이라 불리는 성직자와 제2신분이라 불리는 귀족, 제3신분이라 불리는 평민의 대표자들이 모이는 삼부회를 제안한다. 안건 처리를 둘러싸고 성직자와 귀족은 신분별 표결 방식을, 평민들은 머릿수 표결 방식을 주장하면서 갈등이 악화되자, 제3신분 대표자들은 독자적으로 결집해 국민의회를 조직한다. 왕당파가 이 국민의회를 무력으로 탄압하면서 바스티유 감옥 습격과 같은 민중 봉기가 시작되었고 혁명이 촉발되었다. 당시 제3신분의 대다수가 법률가, 공무원, 언론인, 기업가, 은행가 등 부르주아지였다는 점과 특권층으로부터의 재산 보호라는 자유주의적 입장에서 의회를 구성했다는 점에서 부르주아혁명이라고 평가된다.

직의 모체, 다시 말해 융합을 (또 다른 계열적 집단인) 제도로 이행시키는 것은 맹세다. 맹세는 그룹의 분산 가능성이 내면화되었을 때 등장한다. 모든 타자들을 위한 제3자인 각자는 타자의 행위뿐만 아니라 자신의 행위까지도 동시에 분산시키는 고독을 두려워한다. 상호성은 직접적인 것이 되기에는 충분치 않다. 상호성은 안정적인 매개를 필요로 한다. 맹세는 모든 이들이 동일자로 머물기로 서로 약속함으로써 성립된다. 맹세를 통해 나는 제3자가 **타자**가 되지 않으리라는 보증을 받으며, 그와 동시에 내가 제3자에 대한 **타자**가 되지 않으리라는 보증을 건넨다. 방식이야 어떻든 간에, 맹세는 사실상 임박한 배반에 맞서기 위한 그룹 내부의 투쟁이다. 배반은 필연적인 위험인데, 왜냐하면 사회성의 평균적인 형태가 바로 분리이기 때문이다. 계열로의 회귀에 맞서 그룹은 자신의 결정적이면서도 주관적인 요소에 대해서 반대 압력(contre-pression)을 행사해야 하는데, 이 요소는 타인들뿐만 아니라 내 안에도 들어 있는 배신의 두려움이다.

조직화 과정의 토대가 두려움, 즉 배반의 두려움이라는 점에서 사르트르의 회의주의가 드러나게 된다. 맹세는 공포의 분위기를 통해서 유지된다. 왜일까? 왜냐하면 각자는 다른 사람이 정말로 배신을 두려워하는지 그렇지 않은지 알지 못하기 때문이다. 두려움을 균등화하기 위해 그룹은 자신의 내부에 테러리스트의 상호성(réciprocité terroriste)을 설정해야 한다. 맹세를 배신한 자는 모두로부터 처벌될 것이며, 바로 이러한 것이 그룹의 새로운 내면성이 된다. 낙관주의는 이런 공포가 형제애의 출현과 나란히 일어난다는 점에 있다. 그룹은 맹세를 통해 스스로 결심하기 때문에 각자는 자신이 조직의 적자(嫡子)가 되었다는 의식을 갖게 되고, 그래서 다른 모든 사람들에 대해 상호적인 협력의 의무를 지게 된다. 형제애란 각자가 타인들에 대하여 그룹에 속한 공통의 개인 이라는 출생과 함께 살아가는 양태다.

그룹의 삶은 형제애-공포(fraternité-terreur)에 의해 지배되는 맹세로 묶여 있다. 이를 통해 그룹은 실천적인 자유와 계열 사이의 변증법을 확립한다. 첫 번째 결정 인자는 형제애이며, 두려움이 내면화된 두 번째 결정 인자는 모두에 의한 각자의 필연적이고 내면적인 억압이다. 이런 바탕에서 출발해 사르트르는 조직을 이해할 수 있게 해주는 형성 과정과 그다음으로는 제도의 형성 과정을 연구한다. 각각의 단계마다 무기력은 증대되고, 융합의 기억은 희미해진다. 억압은 형제애를 날려버린다. 임무에 대한 지속적인 분할은 조절적 제3자의 역할을 대체한다. 제도는 우리를 출발점으로, 다시 말해 계열적 집단으로 되돌려보낸다. 그곳에서 통일성은 분리의 통일성일 뿐 다른 그 무엇도 아니다. 이러한 제도의 최고 형태가 바로 국가다.

이러한 장치에서 어쩌면 가장 흥미로운 것은 그것이 마르크스주의자들의 계급 개념에 생명력을 되돌려주고 있다는 점일 것이다. 1955년부터 사르트르는 노동자계급의 순수하게 객관적이고 순수하게 사회적인 정의(定義)에 대항해 맹렬한 싸움을 벌였다. 사르트르에게 계급은 계열들로, 그룹들로 그리고 제도들로 분절되는 역동적인 집합이다. 생산의 층위에서 노동자의 순수하게 객관적인 현실은 분리의 통일성, 즉 계열적이고 수동적인 통일성이다. 거기서는 분할과 경쟁이 법칙이다.

모든 노동자들의 저항과 모든 작업장에서의 폭동은 계열에서 발생한 하나의 국지적 융합이다. 바로 이 층위에서부터 우리는 주관적인 상호성의 원칙을 가지게 된다. 사르트르는 이를 세밀하게 분석하는데, [노동자들의] 생산 지연 전술을 제시하면서 그는 이것이 계열적인 경쟁을 거부하도록 이끄는 일종의 변증법적 도덕이라는 것을 보여준다.

그 사람이 말한다. "나는 결코 다른 사람들보다 더 많이 일하지 않겠어. 자신이 할 수 있는 것보다 더 많이 일하라고 다른 사람들이 요구받지 않도록 말이야. 그리고 내가 할 수 있는 양보다 더 많이 일하라고 다른 사람이 나에게 요구하지도 않게." 이런 점에서 그는 이미 변증법적 휴머니즘의 대가다.

68혁명 이후 프랑스나 이탈리아에서 노동자들이 가장 많이 외쳤던 구호가 "자신의 속도로 일하자"였다는 것을 생각해볼 때, 우리는 사르트르에게 감사를 표해야 한다. 왜냐하면 사르트르는 이러한 것들이 정치에 대해서뿐만 아니라, 그가 정확하게 말한 것처럼, 윤리에서도 중요한 함의를 가진다는 것을 깨닫고 있었기 때문이다.

그러므로 계급은 계열이며, 그것이 계급의 사회적 존재다. 그리고 계급은 융합이며, 그것이 계급이 지닌 대중으로서의 실천적 존재다. 또한 계급은 조직이며, 그것이 형제애-공포의 다소 안정적인 양태 속에서 거대 조합들 같은 유사-국가적인 제도로까지 나아가는 그것의 과제다. 그리고 역사적 주체성으로서의 계급의 구체적인 역사는 이러한 세 가지 차원들의 분절된 운동이지, 결코 그 가운데 하나가 선형적으로 발전한 것이 아니다. 이런 연장선 위에서 사르트르는 사회적 존재로서의 계급과 역사적이고 정치적인 존재로서의 계급이 반드시 구분되어야 한다는 것을 예견한다. 구체적인 **역사**에서 계급은 사회적 계열에 속한 분자화된 형태로 존재한다. 하지만 반란들 속에서는 계열을 붕괴시키고, 배반에 맞서 반란의 주체를 조직한다. 사르트르는 이를 자유의 독재라고 칭하는데, 형제애 그룹이 바로 그것이다. 형제애 그룹은 융합의 역량을 '냉정하게' 억제하고 수행해야 할 과업들을 전문화하는 조직들을 탄생시키며, 마침내는 제도들로 완전히 전도되면서 새로운 유형의 계열을 작동시킨다. 그것이 말하자면 과제에 따라서 분할을 배가하는 제도적 분할이다.

실존의 이 모든 형태들은 하나의 열린 **역사** 안에서 서로를 타락시키면서 공존한다. 계급적 실존에는 계열과 제도 사이를 왕복하는 순환성이 존재하며, 그것이 계급의 유기적인 삶이다. 그렇지만 우리는 이런 순환성의 역동적인 혹은 전체화하는 형태들을 분간할 수 있다. 즉 한편으로는 개별적인 실천을, 다른 한편으로는 융합 그룹을 그리고 수동적인 형태들과 전체화된 형태들을, 계열과 제도를 구분할 수 있다. 철학적으로 말하자면, 역사적 운동은 동질적이지 않으며 단일한 변증법에 속하지도 않는다. 여기에는 반변증법적인 계기들이라고 할 수 있는 그런 계기들이 존재한다. 가령 개별적인 실천과 대립하는 순전히 물질적인 계기들도 존재하며, 반란을 일으키는 그룹에 맞서는 제도적인 계기들도 존재한다. 그래서 헤겔과 달리 사르트르는 변증법적 비연속성을 사유하려고 노력을 기울인다. 물질적인 산물들과 제도들이 실천의 효과들임에도 불구하고 실천적 자유는 본질적이면서도 제도적인 무기력으로 인해 끊임없이 자기 자신과 대립하는 방향으로 되돌아간다. 자유로운 인간의 투명성은 자신과 대립되는 것에 의해 자격을 부여받는데, 사르트르는 이러한 대립자를 실천적 타성태(惰性態, le pratico-inerte)라고 부른다. 그 결과 실천적 자유는, 예를 들어 계열이 용해되는 순간이나 반란이 통합되는 순간 같은 매우 특수한 순간들에서만 드러난다.

　이 지점이 바로, 이론의 여지 없이 사르트르의 논리에 제동이 걸리는 지점이다. 만일 인간이 정말로 계열을 용해하는 반란 속에서만 — 말하자면 **타자**와의 상호성이 가능한 — 인간이라면, 인간적인 통일성은 적대와 폭력 속에만 존재하게 된다. 집단적인 능동성의 독점적 형태는 사회적 무기력에 대항하는 대중운동이지만, 이 무기력은 적대자와 국가라는 최고의 제도로부터 보호를 받는다. 사회성의 정상적 형태는 수동성이다. 역사는 수동성을 더 넓게 청산하는 방향으로 진행해왔는가? 이것이 공산주의 이념의 의미다. 하지만 사르트르에 따르면 계열적인 수동성은 집단적인 능동성의 조건이다. 사실상 인간은 계열이 용해되는 순간에만 진정으로 인간이다. 능동성과 상호성은 수동성의 해체를 내포한다. 그런데 만일 수동성의 사회적 토대가 제한된다면, 인간을 기다리고 있는 것은 어떤 실존일까? 사르트르에 따르면, 인간적인 것은 비인간적인 것에 대한 실천적 용해다. 변증법은 반변증법적인 것에 의해 조건지어진다. 그렇다면 우리는 어떻게 그것의 안정적인 출현을 혹은 확장이라도 기대할 수 있는 것일까? 사실 우리는 인간이 결국에는 언제나 무기력과 분리의 법칙으로 흡수되어버리고 마는, 그런 야만적인 불연속성 속에서 섬광들을 통해 실존하고 있을 뿐이라는 느낌을 가지고 있다. 집단적인 능동성은 반란의 순수한 시간이다. 그 밖의 모든 나머지 시간들은 인간의 불가피한 비인간성에 속한 것이며, 그것이 바로 수동성이다.

이런 점에서 사르트르의 정치학은 대중운동의 정치학이며, 말하자면 하위정치학(infra-politique)에 대한 많은 측면들을 갖고 있다. 그의 관점에서 조합의 논리가 정당의 논리와 동일했던 것처럼, 노동자 조직의 문제를 검토할 때 조합을 논의의 길잡이로 삼은 것은 전형적인 사르트르의 특징이다. 근본적으로 사르트르가 마르크스주의에서 복구하고자 한 **주체**는 역사적 주체다. 이렇게 표현해도 된다면, 그것은 대중 주체다. 『변증법적 이성 비판』은 "대중이 **역사**를 만든다"라는 원칙을 이해 가능한 것으로 만들기 위해 하나의 형식논리를 전개한다. 여기에서 사유되는 것은 일종의 대중의 역사적인 기량이다. 그런데 대중은 역사를 만드는 것과 동일한 자격으로 동일한 선상에서 정치를 만들어갈까?

사르트르는 조직이 정치에 대한 절대적 용어이고, 이런 관점에서 **역사**와 정치는 동일시할 수 없다는 것을 알고 있다. 하지만 그는 대중 곁에서만 조직의 변증법적 이성을 찾아내려 한다. 그에게 조직은 근본적으로 결정화된 반란으로부터 출현한다. 조직은 그룹이 갑작스럽게 솟아나는 것에 맞서서 수동성을 내면화하는 억제력을 가진다는 점에서 결정화된다. 사르트르에게 정당은 여전히 하나의 도구다. 그것은 자유에 내재된 필연성이다. 그것은 능동성 속에 있는 도구적 수동성이다.

우리에게는 정치적 **주체**의 논리, 즉 계급의 논리가 대중운동과 연속성을 갖지 않는다. 당은 대중에게 내재한 하나의 특수한 과정이지만, 정치의 단절이나 공산주의의 단절 같은 특수한 단절을 실행한다. 이런 점에서 당은 도구 이상의, 도구와는 다른 것이다. 당은 이질적인 공헌들, 특히 이데올로기적이고 이론적인 성격의 공헌들을 대중 속에 있는 자신의 현존으로 통합한다. 그것의 전개 논리는 폭동의 불연속성 안으로만 기입되지 않는다. 그것은 하나의 특수한 연속성을 갖는데, 이는 제도의 무기력이 지니는 연속성이 아니라 프롤레타리아 정치학의 연속성이다. 그리고 이런 정치학의 연속성을 끝까지 사유하기 위해서는 대중에게 해체의 역량 이상의 것이, 계열들의 용해 이상의 것이 존재한다는 점을 사유해야 한다. 대중의 능동성과 이념들은 내적인 올바름을 갖고 있으며 이런 올바름이 융합 그룹에만 존재하는 것은 아니라는 점을 사유해야 한다. 한마디로 말하자면, 인민의 능동성이 수동성으로 회귀하는 것만은 아니라는 점을 사유해야 한다. 요컨대, 인민의 이념들과 실천들이 분할 가능하며 모순적이라는 점 그리고 집단적 경험은 결코 능동/수동이라는 대립만으로는 파악되지 않는다는 점을 매 순간 사유해야 한다. 우리가 대중에 대해 확신하는 것이 있다면, 그것은 바로 그들의 이념들이 또한 능동/수동의 대립 밖에서 새로움을 긍정하고 [투쟁의] 지형을 변화시키는 과정들을 목표로 한다는 점이다.

사르트르는 숙고 끝에 정치와 **역사**를 융합했는데, 왜냐하면 그것들이 투명한 개별적 실천과 무기력한 물질 사이의 모순을 공통의 추진력으로 갖고 있기 때문이다. 그는 이것으로부터 자신이 할 수 있는 모든 것을 끌어냈으며, 대부분의 것들이 상당히 흥미롭다. 게다가 우리는 사르트르가 68혁명 이후 왜 프롤레타리아 좌파[5]의 동반자가 되었는지도 이해할 수 있다. 프롤레타리아 좌파의 유일한 슬로건이 "우리는 저항하는 이성을 가지고 있다"[6]이기 때문이다. 『변증법적 이성 비판』은 바로 이 이성이다.

우리에게 정치적 **주체** — 사실 마르크스주의는 이를 새롭게 이론화해야 한다 — 는 설사 그러한 것을 가정하더라도 저항의 주체와 일치하지 않는다. 프롤레타리아가 인민 속에서 자신의 정치를 펼친다는 것은 대중이 **역사**를 만든다는, 언제나 진리인 사실과 서로 뒤섞일 수 없다. 정치적 **주체** 안에는 그리고 새로운 유형의 정당을 만드는 과정 속에는 계열도, 융합도, 맹세도, 제도도 아닌 일관성의 원칙이 존재한다. 환원 불가능한 이 원칙은 실천적인 집합들에 대한 사르트르적인 전체화를 벗어나며, 더 이상 개별적인 실천에 기초하지도 않는다.

마오주의자들의 요구에는 사르트르가 입증할 수 없는 두 가지 현실이 존재한다. 첫 번째는 영원한 원칙과도 같은 대중에 대한 확신으로, 이것은 봉기의 폭력을 지시할 뿐만 아니라 공산주의자가 될 것을

---

5 La Gauche prolétarienne : 68혁명 직후 알랭 제스마르(Alain Geismar), 장 클로드 바니에 (Jean Claude Vannier)와 베니 레비(Benny Lévy) 등이 주축이 되어 마르크스-레닌주의 청년 공산주의자 연맹(Union des jeunesses communistes marxistes-léninistes)에서 분리되어 나온 조직이다. 프랑스의 가장 크고 활동적인 마오주의 조직이었으나 1973년에 해산되었다. 베니 레비에 대해서는 이 책 101쪽의 각주 참조.

6 원문은 "On a raison de se révolter"다. "우리는 저항할 이유가 있다"로 번역하는 것이 자연스럽지만, 사르트르의 이성 개념을 살려서 직역했다.

요구한다. 두 번째는 새로운 유형의 당으로, 이것은 혁명적인 이념 이상의, 전투를 할 때뿐만 아니라 용해가 될 때도 그 자체로 긍정적이고 창조적인 가치가 있는 인민의 통일성의 논리(une logique de l'unité du peuple)를 담고 있어야 한다.

그럼에도 불구하고 사르트르는 여전히 마르크스주의를 일깨워준 사람이다. 그는 정치에 대해서 그리고 **역사**에 대해서 명확하게 숙고해 볼 것을 우리에게 권유한다. 이런 점에서 그는 마르크스주의의 순전히 역사적이고 혁명적인 하나의 구상을 자신의 극단까지 밀어붙였다. 따라서 우리에게는 역사적인 것과 혁명적인 것 외에도 정치적인 것과 공산주의적인 것이 필요하다. 사르트르는 정치적 **주체**의 문제로 돌아갈 것을 그리고 이 문제의 핵심에 있는 변증법적 유물론 철학의 노선으로 달려가볼 것을 우리에게 권한다. 사르트르가 우리들 투쟁의 위대한 동반자, 우리들 사유의 위대한 동반자인 이유가 바로 여기에 있다.

5
장 이폴리트
Jean Hippolyte, 1907~68

이폴리트를 충분히 올바르게 평가하기 위해서는 그가 우리에게 남겨준 유산의 일관성과 새로움 외에도 그의 성격과 실존적인 독특성에 대해 반드시 말해야 한다. 왜 그것이 중요할까? 왜냐하면 이폴리트는 철학의 관학적(官學的)인 체제 ― 그는 이 안에 머물렀으며, 그곳에서 중요한 지위를 맡았다 ― 와 그것의 바깥 사이에 정말 이례적인 그리고 대단히 불안정한 상태의 일종의 매개를 설립했기 때문이다. 이런 관점에서 보면 그는 프랑스 철학의 학제적 기구에 속해 있는 예외였다. 그는 구름에 가렸던 해가 잠시 드러나는 것 같은 독특한 시기를 결정지었는데, 우리 ― 여기서 '우리'는 1960년대에 20대를 보냈던 사람들을 의미한다 ― 는 그 시기를 누리는 행운을 얻을 수 있었다. 바로 이 시기에 일반적으로 엄격하게 닫혀 있던 아카데미적인 철학의 폐쇄성은 이폴리트 덕분에 느슨해졌다. 이 덕분에 그는 캉길렘의 동조와 지지를 얻었으

며, 이 두 사람은 '바깥의 강의'라 불릴 수 있었던 것을 수용한, 바깥을
향하는 아카데미 내부의 단짝이 되었다. 이러한 개방성은 프레데릭 보
름스(Frédéric Worms)가 '1960년대의 철학적 계기'라 즐겨 칭했던 그리
고 1950년에서 1980년 사이 즈음 일어났던, 이 나라 철학사의 모든 일
련의 사건들에 상당한 영향을 끼쳤다. 이폴리트라는 인물이 중요한 것
은 바로 이 때문이다. 또한 오늘 내가 순전히 일화적이면서도 전적으로
피상적인 이야기들을 하는 것에 대해 여러분의 허락을 구하고자 하는
이유이기도 하다.

매우 진지한 방식으로 이 자리에서 언급되고 있는 것처럼, 이폴리
트는 헤겔 주변에서 근본적인 작업을 시작했다. 하지만 여기에는 헤겔
을 프랑스적으로 새롭게 전유하고자 하는 기획, 빅토르 쿠쟁[1]의 낡은
판결을 반복하는 의미로서의 그런 기획으로 축소될 수 없는 무수한 파
생들과 부수적인 것들이 존재한다. 나는 몇 가지 작은 편린들을 이러한
파생적 작업들에다 할애해보고자 한다.

먼저 『정신현상학』(Phénoménologie de l'esprit)의 번역과 그 안에 들
어 있는 무수한 주석들 ― 우리가 그토록 많이 그리고 열렬하게 말해왔
던 ― 과 관련해서 오늘날의 명칭을 부여해본다면, 이폴리트는 **횡단자**
(passeur)라고 정의할 수 있다. 그런데 어떤 의미에서일까? 나는 함부

---

1 Victor Cusin, 1792~1867: 체계적 절충주의를 주장한 프랑스의 철학자로 자신만의 독특
한 철학 체계를 세우기보다는 프랑스의 회의주의, 독일의 관념론과 영국의 경험론, 신학
의 신비주의 같은 여러 핵심적인 철학들을 체계적으로 종합하는 것을 주요한 작업으로
삼았다.

르크 출신의 철학자이자 내 책의 독일어판 번역자 가운데 한 명인 위르 겐 브랑켈(Jürgen Brankel)이 제시한 견해에 깜짝 놀란 적이 있었다. 그는 나에게 자신이 헤겔의 원저작보다 이폴리트의 프랑스어판 번역에 훨씬 더 매료되었다고 말했던 것이다! 그는 독일에서는 그 책[헤겔의 책]이 상당히 비형식적이고 혼란스러운 젊은 시절의 전형적인 작품이었으나, 이폴리트가 그것을 완전히 새로운 하나의 진정한 기념물로 만들었다는 의견을 갖고 있었다. 브랑켈에 따르면, 이 '번역'은 사실상 전 과정을 갖 춘 하나의 책이며, 독일 철학이 절대적으로 배워야 할 점이다. 이 '번역' 은 프랑스 철학의 탁월한 점에 대한 하나의 완벽한 사례 역할을 하며, 독일인들이 이 철학에서 연구해야 하는 것이 무엇인지를 보여준다는 점에서, 이 책은 자신들의 유산으로 반드시 취해져야 한다.

이런 의미에서, '횡단자'라는 명칭은 아주 복합적인 의미로 이해되 어야 할 것 같다. 이폴리트는 원본이 프랑스어로 쓰인 책으로서의 『정 신현상학』을 독일인들 곁으로 '다시' 건네주려('re'passer) 했다! 우리는 특히 여기서 헤겔이 '낯설게 하기'(extranéation)라 불렀던 것, 즉 이타성 을 통한 매개의 극단적인 효과에 대한 한 가지 사례를 볼 수 있다.

그것이 이 번역이 지닌 아주 특별한 스타일을 밝혀준다는 점은 의 문의 여지가 없다. 한 가지 일화를 들어보자. 우리가 젊었을 때, 우리 사 이에는 이폴리트의 독일어 실력이 아주 형편없으며, 이 번역은 언어가 동력이 되는 것이 아니라 번역자의 시종 역할로 전락한 하나의 철학 작 업이라는 이야기가 오갔다. 이폴리트가 프랑스적 헤겔을 구축하는 데 기여했으며, 이런 점에서 그는 철학사에서 중대한 역할을 맡고 있는 대학보다는 차라리 빌리에 드 릴라당(Villiers de l'Isle Adam)이나 스테판 말라르메의 계승자라는 이야기를 들은 것도 바로 그날 아침이었다. 우리는 오늘 이에 관한 놀라운 증언을 듣고 있으며, 게다가 그것이 나와 이폴리트의 초창기 관계를 결정지은 것이기도 하다. 왜냐하면 나는 오랫동안 독일어 텍스트를 참조하지 않고 그의 번역을 읽으면서 공부했기 때문이다. 운 좋게도 나는 브랑켈을 통해서 한참 후에 그것이 좋은 방법이었으며, 무엇보다 프랑스어로만 헤겔을 읽을 필요가 있었다는 점을 알게 되었다.

나와 이폴리트의 두 번째 만남은 고등사범학교(École normale supérieure) 입학시험에서였다. 그는 철학 분과의 면접관이었다. 그는 약간 혀가 짧은 발음을 지녔는데, 그의 말투를 흉내 내는 것이 고등사범학교 학생들에게는 일반적인 놀이였다. 그는 나에게 "바디우 군, 사물(쇼즈, chose)이란 무엇입니까?"라고 물었는데, 사물을 '쏘즈'(ssoze)라고 발음했다. 나는 그에게 대답을 했다. 그러면서도 여전히 나는 두꺼운 책들 속에서 이 질문에 대한 답을 구하려고 했는데, 우리는 아마도 이런 시험의 기억들을 벗어나지 못할 것이다. 나는 신속하게 그의 암묵적인 동의를 확정지으려고, 우리가 훈련받아온 이런 종류의 수사학 연습대로, 장 보프레(Jean Beaufret)가 번역한 파르메니데스(Parménide)의 시를 인용했다. 파르메니데스가 달에 대해 말했던 것들 가운데서 독립된 구절 하나를 가지고 나는 사물의 거리를 보여주려 했다. "밤을 비추는, 대지 주위를 방랑하는, 다른 곳의 빛." 다른 곳의 빛을 재치 있게 언급할 때, 나는 이폴리트의 얼굴이 밝아지는 것을 보았다. 좋은 결과가 나오리라 확신했다. 그럼에도 그는 나에게 이런 질문을 했다. "그래서 결국 쏘즈와 옵젯(대상을 의미하는 프랑스어 objet을 이폴리트의 발음대로 바디우가 옮겨 적은 것이다)의 차이는 무엇입니까?" 나는 대답을 급조해냈다. 그리고 최근까지 연구를 해오면서도 내가 대상의 개념에 대해 상당히 어려움을 겪고 있다는 것을 말해야겠다. 나는 그때의 경고를 아직도 기억하고 있다. 그리고 지금까지도 여전히 이 두 가지를 혼동하고 있는 것은 아닌지 염려된다. 그 시절 횡단자 이폴리트를 만난 이후, 나는 사람을 모으고 올바른 질문을 던질 줄 알며 자신과 거리를 둔 사람들이라 할지라도 동맹을 맺을 줄 아는 사람이라는 의미에서 철학 분야의 **기획자**(organisateur)를 만났다. 그가 나에게 질문을 건넨 방식 속에서 나는 기획자의 이런 역할을 곧바로 깨달을 수 있었다.

고등사범학교에 들어간 후, 곧이어 나는 그의 세미나를 자주 수강했는데 요한 고틀리프 피히테(Johann Gottlieb Fichte)에 관한 것이었다. 1957년이었을 것이다. 그는 자신이 헤겔을 횡단했던 방식과 동일하게 우리가 피히테를 '건너가기' 바랐다. 하지만 그는 이러한 작업이 그다지 잘 진행되지 못함을 느꼈다. 여러 차례 그는 나에게 "학생들이 헤겔만큼 피히테를 좋아하지는 않는다"고 말했는데, 대상화된 그 집단에는 나도 속해 있었다. 그는 약간의 과장을 섞어가며 기다란 대각선들을 그었다. 나는 현대의 우주론을 검토하는 것에만 순전히 몰두했던 세미나 하나를 기억한다. 끊임없이 담배를 피워 물던 이폴리트는 — 우리는 어떤 상황에서든 항상 그의 머리 위로 연기가 올라오는 것을 볼 수 있었다 — 수소와 헬륨의 순환(CNO 순환)[2]이 어떻게 융합되는지에 관한 놀라운 지식과 기교를 보여주었다. 영감으로 충만한 이 강연 동안, 끊임없이 피어오르는 푸른 연기와 독일 자연철학의 위대한 전통 속에서, 우리는 문자 그대로 불타오르기 시작하는 우주 전체를 보았다. 그러나 이 모든 것들에도 불구하고 우리는 피히테를 좋아하지 않았다. 이폴리트는 자신의 시도가 실패했음을 인정하면서 오래지 않아 포기했다. 이제 나는 '유도자'(inductuer)라는 단어를 사용하려 하는데, 그는 철학의 범주들과 **현시대를 살아가는** 작가들 사이의 관계를 유도하는 사람이었다. 그는 현재로부터 철학이나 철학자의 가능성을 추출하고자 시도했으며, 판단들을 인정하고 경험의 결과들을 수용했다. 그는 근본적으로 현재의 인간이었으며, 이는 특히 그가 현재에서 과거로 유도하는 귀납법 연습처럼 철학사를 다루었을 때 이해될 수 있었다.

사르트르가 고등사범학교를 방문했을 당시 유명한 일화 하나가 있다. 이와 관련한 서로 다른 버전의 무수한 이야기들이 회자되고 있는데, 우리는 그것들이 회자되도록 놔둬야 할 것이다. 왜냐하면 클로드 레비-스트로스(Claude Lévi-Strauss)가 우리에게 가르쳐준 것처럼, 바로 그런 것이 신화가 구성되는 방식이기 때문이다. 그렇지만 나로서는 나의 관점으로 본 것을 전달할 권리가 있다. 피에르 페어스트라튼(Pierre Verstraeten) 및 에마뉘엘 테레(Emmanuel Terray)와 함께 나는 사르트르의 방문을 추진한 세 명의 기획자 가운데 한 명이었다. 무엇을 강연할

---

2 항성들이 에너지를 생산하고 만들어진 에너지를 빛과 열의 형태로 방출하는 원리가 되는 핵융합 과정 가운데 하나다. 수소를 중심으로 탄소, 질소, 산소가 결합해 핵융합 반응을 일으키면 헬륨이 생성된다.

지에 관해 사르트르와 논의를 진행했던 사람들이 바로 우리였다. 이폴리트는 우리에게 격려를 아끼지 않았다. 그는 유력 기관의 학생들에게 그들처럼 고등사범학교를 거쳤으나 엄격하게 말하자면 어떤 아카데미적인 운명도 살지 않은 전형적인 외부인을 소개하는 작업을 잘 알고 있었다. 사르트르는 고등학교에서 철학을 가르친 적이 있지만 곧바로 **프리랜서** 철학자가 되었다. '매개자'(médiateur)라는 이폴리트의 면모가 여기서 유감없이 발휘되었다.

당시 사르트르는 『변증법적 이성 비판』이라는 자신의 역작을 완성해가는 중이었다. 그가 두 가지 운동의 교향곡처럼 그 책을 구성할 계획이었다는 것을 기억해야 한다. 첫 번째는 '실천적 집합 이론'인 후진 운동으로, 근본적으로 추상적인 운동이다. 그다음은 '전체화하는 자(者) 없는 전체화'(totalisation sans totalisateur) 이론인 전진 운동으로, 역사 전반의 합리성을 구축하려 한다. 당연히 이 두 번째 운동에 몰두하고 있으면서도 그는 특유의 콧소리가 섞인 굵은 음성으로 "여러분들에게 이집트에 관해 말씀드리겠습니다……"라고 말했는데, 그것은 우리를 완전히 당황시켰다. 우리는 그를 실천적 집합들에 관한 논의로 이끌어갔다. 그래서 사르트르는 오늘 우리가 이폴리트를 기념하고 있는 이 강연장(salle des Actes)을 방문하게 되었고, 거기서 모리스 메를로-퐁티(Maurice Merleau-Ponty)와 재회하게 되는 전혀 예상치 못한 일이 일어났다. 사르트르는 유령의 등장에 감전이라도 된 것처럼 얼어붙었는데, 왜냐하면 그들이 서로를 만나지 않은 지 10년 가까이 되었기 때문이다. 매개자라는 자신의 위치에 언제나 매우 만족해했던 이폴리트는 강연이 끝난 후에 모든 사람들 — 사르트르, 메를로-퐁티, 캉길렘, 페어스트라튼, 테레 그리고 자신의 사람들 — 을 데리고 카페로 갔다. 그것은 인생에서 자주 벌어질 수 없는 주연(酒宴)의 순간이었다.

또 다른 일화도 있다. 1964년에 출판되었으나 1959년에 이미 완결을 보았던 나의 첫 번째 장편 원고 『알마게스트』(Almagestes)를 검토한 사람이 바로 이폴리트였다. 그는 나에게 요즘 무엇을 하고 있느냐고 물었고, 나는 소설을 하나 쓰고 있다고 대답했다. "나에게 그것을 좀 줘 보게"라고 그가 말했다. 그래서 나는 그것을 건네주었다. 외부에서의 그의 활동 가운데는 그가 문학에도 매우 중요한 영향력을 가지고 있었다는 점을 알아둘 필요가 있다. 그는 현대소설과 고전소설에 대한 예리한 감식가였고, 폴 발레리(Paul Valéry)의 긴 시구절들을 인용할 수 있는 아마추어 시인이었으며, 젊은 시절부터 폴 클로델(Paul Claudel)에 관한 강연들을 해왔다……. 내 원고에 대해 그는 비교적 좋게 말했지만, 이렇게 덧붙였다. "바디우 군, 자네의 등장인물들 가운데 한 명이 내가 했던 말을 하고 있는 것 같더군." 그것은 그리스 신전들이 얼마나 자신의 위치와 잘 어울리는지에 관해 그가 토론 수업에서 장황하게 했던 이야기들을 지칭하는 것이었다. 그리고 그의 말이 옳았다! 나는 그때의 일을 전혀 기억하지 못한 채 그의 장광설을 슬쩍 사용했던 것이다. 당시 그는 그리스 여행에서 막 돌아왔고, 그 수업에서 나에게 "신전을 이해하게 되었다"고 말했다. 그는 이 주제에 대해서 매우 탁월한 논리를 전개했고, 나는 그것을 나의 등장인물에게 옮겨놓았다. 상상해보라! 얼마나 비상한 관심을 가지고 — 이 경우에는 약간의 자아도취와 함께 — 그가 나의 글을 읽었을지! 왜냐하면 그리스 신전에 관한 이 몇 줄의 문장은 어마어마한 분량의 원고로 볼 때 아주 작은 세부 사항에 지나지 않았기 때문이다. 그는 단번에 이 세부 내용을 알아보았고, 친절하게도 그것이 자신의 소유물임을 상기시켜주었던 것이다.

그는 대단히 놀라운 **독서가(lecteur)**였다. 그에 관해 떠도는 전설들 가운데는 그가 세 시간 이상 결코 자지 않는다는 것이 있었고, 몇몇 사람들은 이를 보증해주기도 했다. 그는 끊임없이 읽었으며, 생각을 했고, 글을 써댔다……. 강의를 진행할 때면, 아주 빈번하게 자신이 밤새도록 생각을 해봤다고 말하면서 시작했다. 그는 몇 시간 동안 진행될 강의를 예고하는 한 뭉치의 노트를 들고 나왔지만, 그것은 건드리지도 않은 채 다른 것에 대해 강의를 했다.

불면의 밤으로부터 나온 이런 즉흥 강연의 매력 가운데 하나는 거의 언제나 그가 헤겔로부터 길어온 것이었다. 그것은 철학사와는 아무런 관련이 없었으며, 당시의 상황들과 연결된 무궁무진한 저수지처럼 헤겔로부터 끌어올린 것이었다.

한 가지 예를 들어보겠다. 그의 절친한 친구이자 나의 친구이기도 한 교육 장학관 디나 드레퓌스(Dinah Dreyfus)가 헤이그의 한 대학에서 자신이 각본과 연출을 맡은 영화들의 상영회를 열었다. 그 영화들에서 나는 — 아주 젊을 때였다 — 당시의 중요한 철학자들과 인터뷰를 진행했고, 거기에는 당연히 이폴리트도 있었다. 이폴리트와 나는 필름이 든 통들을 들고서 확실치는 않지만 아마도 기차를 타러 떠났다. 그는 무척이나 피곤한 상태였고, 그래서 하마터면 기차를 놓칠 뻔했으며, 연기를 내뿜기 시작하는 객차까지 달려와야 했기 때문에 숨이 막힐 지경이었다. 그럼에도 불구하고 그는 앙리 베르그송(Henri Bergson)에 관한 놀라운 강연을 했다. 탐정소설이 끝에 가서야 수수께끼의 실마리를 던져주는 것처럼, 그 강연은 완전히 즉흥적이고 전혀 종잡을 수 없는 것이어서 긴 우회로를 거치고 난 다음에야 베르그송으로 돌아올 수 있었다. 그리고 나의 짧은 소개가 끝난 다음 우리는 영화를 보았다. 이 모든 것이 프랑스어로 진행되었기 때문에 바타비아(Batavia)의 학생들은 단 한 마디도 알아들을 수 없었다. 당시는 이미 낡아버린, 그럼에도 여전히 의연했던 프랑스 제국주의의 시기였다. 그러고 나서 우리는 원시미술 박물관을 들렀다. 거기에서 나는 위대한 **즉흥연주가**(improvisateur) 이폴리트가 오세아니아에서 가져온 조각상들 앞에서 명상과 사색, 침묵에 잠기는 것을 보았다. 사색이 끝난 후에 그는 나에게 이 조각상들에 대한 사치스러운 이론을 펼쳐냈는데, 그것은 살아 있는 헤겔로부터 나온 것으로 이렇게 끝을 맺었다. "저 조각상들은 얼굴이 하나의 봉헌물이면서도 또한 거절이라는 것을 언제라도 보여줄 것 같은 사람처럼 그렇게 서 있군." 지금까지도 나는 그가 에마뉘엘 레비나스(Emmanuel Levinas)에 대해 생각을 했던 것인지 궁금해지곤 한다. 그렇지만 결코 물어보지는 않았다. 어쨌든 그는 자신의 유일한 청중인 나에게 다음과 같은 것을 알려주고자 했다. 자, 보아라, **역사**의 특정 시기를 살았던 오세아니아 조각가들이 오늘날 우리에게 드러내주고 있는 것이 무엇인지.

그가 **역사**와 맺고 있는 관계는 현재와 맺고 있는 관계였다. 드골이 1958년에 권력을 잡았을 때, 나는 그와 오랫동안 토론을 한 적이 있었

54

다. 그의 말에 따르면, 그것은 군대의 지원을 받고 하늘이 도운 점, 경제 환경을 위한 안전을 보장하고 눈속임으로 대중을 떠받들며 국가의 수사학을 사용한 점 등에서 보나파르트적인 쿠데타였다. 그가 나에게 말했다. "이건 나폴레옹 3세 같은 사건이네. 하지만 뒤집어진 형국이지. 나폴레옹 3세는 권위적인 제국으로 시작해서 자유주의를 향해 갔지만, 드골은 자유주의로 시작해서 권위주의로 향하고 있는 것이지." 그러나 이번 한 번은 그가 틀렸다. 드골은 나폴레옹 3세처럼 발레리 지스카르 데스탱[3]의 자유주의에 잡아먹힌 사람이었다. 이폴리트는 마치 이념이라도 되는 것처럼 역사적 단위들을 참조했다. 그는 마치 **역사**가 형상들의 저장고인 것처럼 상당히 체계적이고 역사적인 비교주의를 실천했다. 그가 즉흥연주가였던 것과 마찬가지로, 나는 그가 일종의 **역사**에 관한 플라톤주의자였다고 생각한다. 문제는 그가 **역사**로부터 일련의 사건들과 전개 과정들 또는 그것의 미래보다는 차라리 이념들의 형상들(Idées-figures)을 산출하려 했다는 점이다.

프랑스의 여느 학자들처럼 그도 정치를 좋아했으며, 특히 친구들이나 적수들과 이야기하는 것을 즐겼다. 알제리 전쟁과 관련해서 나는 단순 관리자의 의미가 아니라 심오한 의미에서 *그가* **행정가**

---

3 Valéry Giscard d'Estaing, 1926~ : 독일 코블렌츠에서 태어났으며 프랑스 에콜 폴리테크니크와 고급 관료 양성소인 국립행정학교(ENA)를 졸업했다. 1954년 28세의 젊은 나이에 정치가로 데뷔했으며, 드골 대통령에 의해 재무장관으로 발탁되어 인플레이션 억제 등을 골자로 하는 경제 프로젝트를 추진하다가 1966년에 사임하면서 드골파와 결별했다. 전임 퐁피두 대통령이 사망하자 점진적 개혁을 기치로 1974년 대통령 선거에 출마하여 당선되었다. 스스로 정치적으로는 중도파이고 유럽주의자임을 표방했다.

(administrateur)였다는 점을 평가하고 싶다. 그는 전쟁에 결단코 반대했다. 하지만 주의하자! 그는 전혀 혁명적인 사람이 아니라 의회 진보주의자였다. 피에르 망데스-프랑스[4]라는 인물이 다소 그의 참조가 될 것이다. 그는 자신의 정치적 기준들을 따르면서도, 그러나 고등사범학교가 여론을 형성하는 과정에서 역할을 맡기를 희망했다. 그는 이 학교가 수행해야 할 사명들 가운데 하나가 제도적인 거점으로서 언젠가는 협상과 평화를 이끌어 나가야 하는 과정에 개입하는 것이라고 생각했다. 그래서 그는 간섭주의적인 제도의 구상을 가지고 있었다. 나는 이런 그의 탁월한 헤겔주의를, 제도의 숙명은 부동성이 아니라 역사적 이념 자체에 몰두하는 능력이라는 생각을 존경한다. 이러한 영향들을 두 가지 중요한 상황과 연관시켜보자.

무엇보다 먼저 이폴리트는 고등사범학교의 상징적인 지위를 강화하기 위해서는 울름가(街)의 사범학교와 생클루의 사범학교 사이에 놓여 있는 고풍적인 구분을 없애야 한다고 나를 설득했다. 도대체 왜 '고풍적'일까? 왜냐하면 당시 울름은 상류층 엘리트를 위한 곳이고, 생클루는 다소 서민적인 엘리트를 위한 곳이라는 점이 매우 명확했기 때문이다. 이폴리트는 제도를 사회적 계급의 객관적인 현실에 종속시키는

---

4 Pierre Mendès-France, 1907~82: 프랑스 급진사회당 소속으로 의회에 진출해 총리를 지낸 첫 번째 유대계 프랑스인이며, 인민전선 내각의 재무차관, 드골 임시정부의 경제장관 등을 거쳐 총리 겸 외무장관을 지냈다. 군 출신 우파 정치인들과 급진적인 좌파 사이의 긴장과 균형을 유지하는 정치 노선을 펼쳤으며, 제네바 협정을 통한 제1차 인도차이나 전쟁 종식, 유럽 통합 추진, 서독의 북대서양조약기구 가입 등에서 뛰어난 협상력을 보여주었다.

것은 전혀 바라지 않았다. 그는 출신이 어떻든지 간에 지적인 엘리트들을 하나의 공통된 제도로 묶어내고 싶어했다. 그래서 그는 나에게 이두 학교의 통합을 위한 선전 활동을 조직하는 역할을 맡겼다. 그러나이 활동은 오래 지속되지 않았다. **고전파 학생들**(anciens élèves)의 강력한 로비가 항의의 목소리를 내었고, 통합이 고등사범학교의 몰락이자 공화국의 몰락이라고 말하는 거대한 벽보들이 등장하기 시작했다. 이폴리트와 나는 비참하게 실패하고 말았다. 우리의 불행한 시도 이후 40년이 지난 다음, 또 다른 고등사범학교 학장인 가브리엘 뤼제(Gabriel Ruget)가 울름의 사범학교와 카샹(Cachan)의 사범학교의 훨씬 소박하고 객관적인 통합을 다시 시도했으나 그것 역시 완전히 실패하고 말았다. 이런데 무엇을 더 말하겠는가.

알제리 전쟁과 관련해서 이폴리트는 고등사범학교 자체에서 도출된 단 하나의 요구를 꾸준하게 추진하면서 단일한 주도권을 가지기를 바랐는데, 이 요구는 서로 다른 정치적 견해들을 가진 사람들이 함께 모여서 알제리 협상을 위한 토론회를 구성하자는 것이었다. 나는 다시한 번 내 지도 교수의 수족이 되었고, 이 주제에 관해 신중하게 작성된 유려한 선언문들과 모든 분야의 사람들에 관한 다양한 관련 자료들을 모으게 되었다. 그러나 이 작업은 좌초되었다. 그렇지만 이 모든 일들은 이폴리트 자신이 의식하고 있던 것처럼 행정가로서의 그의 역할을 증언한다.

그렇다면 이는 그가 어떤 수단을 동원해서라도 타협안을 찾아내는 사람이라는 걸 의미하는 것일까? 나는 그가 또한 과격한 성품이었다는 것도 알게 되었다. 교수 자격시험을 준비하는 학생들이 제기한, 들뢰즈를 초청해달라는 요청안을 내가 그에게 제출했을 때, 이폴리트는 이렇게 대답했다. "그럴 생각은 추호도 없네. 나는 그 사람을 전혀 좋아하지 않아." 당시 들뢰즈는 소르본에서 루소의 『누벨 엘루이즈』(Nouvelle Héloïse)에 대한 뛰어난 강의를 하고 있었고, 여기에서는 마르셀 프루스트(Marcel Proust)에 대한 강의를 하려던 참이었다. 그러나 그는 우리를 어리둥절하게 만들 만큼 차갑고 신랄하게 대답했다. 그토록 침착하고 그토록 타협을 잘하는 이 사람이 들뢰즈를 그토록 극단적인 예외로 만들고 저주에 가까운 내침을 하게 만든 것은 과연 무엇일까? 그 점에 대해서 나는 어떤 추측도 할 수가 없다. 다른 경우들에서, 문제가 완전히 명확하고 확실하다면, 나는 이폴리트가 날카롭게 이를 해결하려 했던 것을 볼 수 있었다. 그래서 이런 역할을 고수하는 비밀스러움과 더불어 그의 내면에는 또한 한 명의 **심판관**(un juge)이 있었다.

조금 우울한 일화를 말하면서 끝을 맺겠다. 1968년 5월의 사건들이 벌어지는 동안 나는 그를 만났다. 그는 깊은 인상을 받았으며 동시에 불안해했고, 또한 살아 있는 역사와 뒤섞일 수 있어서 행복해했다. 그것이 현대를 살아가는 헤겔주의자의 사랑이었다. 그는 경찰에 의해 포위되고 폐쇄된 소르본 대학을 다시 열기 위해 싸웠다. 그는 서광처럼 등장한 좌파주의에 가담한 나 같은 부류의 사람들과 달리, 사태가 자연스럽게 풀려가도록 놔둬야 한다는 확신 때문에 개입했다. 세계정신(Esprit du monde)이 공화국 경찰기동대(CRS)와의 대결이라는 형태로 작업을 한다면, 그것을 제지할 이유는 전혀 없다. 그는 나에게 이에 대

58

해서 평상시의 솜씨를 발휘해 논평했지만, 나는 이번에도 그의 논리가 잘못되었다고 생각했다. 나는 그가 지쳤으며 근심이 가득하다고 생각했다. 한순간 그가 나에게 물었다. "바디우 군, 자네는 죽음에 대해 생각해본 적이 있는가?" 그의 질문은 1968년의 사건들에 관한 논의와는 관계가 없었기에 이상스러웠다. 나는 그렇지 않다고 대답했다. 그러자 그가 말했다. "자네가 옳아." 우리는 헤겔에서 스피노자로 횡단해갔다.[5] 그의 사망 소식을 접하게 된 때는, 그 후 몇 달이 지난 다음이었다. 나는 그가 주기적으로 느끼곤 하는 일종의 잠재적인 멜랑콜리에 사로잡힌 사람이었다는 것을, 유지하기 결코 쉽지 않은 특유의 에너지로 현재에 대한 사랑과 지적인 강인함을 쌓아온 사람이었다는 것을 그리고 거기에는 분명히 전설적인 불면증과 끊임없는 담배가 있었으리라는 것을 속으로 되뇌었다.

사실 그는 우울증이라는 올가미에 맞서는 힘을 유지하기 위해 그리고 우리에게 그토록 많은 보물들을 남겨주기 위해 값비싼 대가를 치러야 했던 사람이자 철학자였다. 이 가운데 몇 가지 것들은 그가 개념의 영역으로 구축하려 했던 시도를 허락하지 않았다. 확실히, 한없이 유리한 공적인 역할, 그가 행사하기를 수락한 그 역할은 그가 이를 수행하는 데 방해가 되었다. 하지만 좀 더 비밀스럽고 좀 더 불가사의한 어떤 것들은 그가 정신분석학과 맺었던 강렬한 관계를 밝혀준다. 라캉의

---

5 바디우를 비롯한 당시 젊은 철학자들의 관심이 이폴리트에게서 들뢰즈로 이동했다는 의미다.

세미나에서 그는 부정(否定)에 관한 지그문트 프로이트(Sigmund Freud)의 위대한 텍스트에 대해 매우 특별한 연관성과 뛰어난 솜씨를 발휘해서 말한 적이 있었다. 좀처럼 드러나지는 않지만 지속적으로 작동하는 저 깊은 곳의 부정성과 원초적인 '아니오'가 그에게 있었기 때문이다.

우리는 이폴리트가 중요한 인물이었음을 알고 있고, 또한 이 인물의 중요성이 그의 저서들로 평가될 수 있는 것이 아니라는 점도 알고 있다. 나는 그가 이 점을 잘 알고 있었으며, 그래서 나에게 죽음에 대해 생각해본 적이 있는지 물었던 것이라 생각한다. 우리는 어떤 일이 있더라도 그의 죽음에 대해 생각하는 것을 멈추지 말아야 한다.

6
루이 알튀세르
Louis Althusser, 1918~90

　알튀세르에게 사유의 문제는 힘들의 대결이 팽팽하게 맞서 있는 최전방의 전쟁터를 찾아내는 것이었다. 울름가(街)의 은둔자는 사색의 시간도 칩거의 시간도 스스로에게 허락하지 않았다. 그는 오직 개입의 시간만을 갖고 있었으며, 그 시간은 피할 수 없는 벼랑 끝을 향해 가는 것처럼 제한적이고 불안정한 것이었다. 그리고 한없이 펼쳐진 다른 시간은, 슬프게도, 고통의 시간이었다.

　시대를 헤아리기 위한 행위의 정언명령과 연관된 알튀세르의 사유는 전진과 후퇴, 영토 획득, 결정적인 앙가주망, 전략과 전술이라는 군사적 범주들 속에서 스스로 나타난다.

　그러므로 먼저 다음과 같이 물어야 한다. 알튀세르의 이론적 개입들의 일반적 장치 속에서, 사유의 전략적인 운동들 속에서, 철학의 위치는 어디인가?

철학의 이 자리는 상당히 중요하다. 알튀세르에게 가장 분명한 증거는 프롤레타리아의 위대한 역사적 실패의 원인이 힘들의 원시적인 대립이 아니라 이론적인 일탈들에 있다는 것이다. 그것이 말하자면 그가 시도하고자 하는 하나의 강력한 지침이었는데, 이러한 방향성은 이중의 의미를 함축한다. 첫째, 정치적 실패는 적들의 힘 탓이 아니라 항상 우리 자신의 기획의 빈약함 탓으로 돌려져야 한다. 이와 관련한 내재성의 규칙은 재론할 필요가 없을 것이다. 그리고 둘째, 이 빈약함은 항상 궁극적으로 사유의 빈약함이다. 이로 인해 정치는 역량의 객관적인 논리로서가 아니라 지적 능력의 형태로 결정된다. 우리는 단지 주체적인 독립의 규칙에만 동의할 수 있을 뿐이다.

그렇지만 알튀세르에게 정치의 이론적 일탈들은 궁극적으로 철학적 일탈들이라는 점을 덧붙여야 한다. 왜냐하면 그는 이러한 일탈들을 관통하면서 사유되는 범주들의 목록 ─ 경제주의, 진화론, 의지주의, 휴머니즘, 경험주의, 독단론 등등 ─ 을 제공하면서 이렇게 덧붙이고 있다. "근본적으로 이러한 일탈들은 **철학적인** 것이며, 레닌과 엥겔스 같은 최초의 인물들을 비롯한 노동자들의 위대한 지도자들에 의해 **철학적인 것**으로 표명되어왔다."

그리하여 알튀세르에게 철학은 혁명적인 정치가 성공인지 실패인지를 결정하는, 그렇지 않다면 적어도 이러한 성공 혹은 실패를 명명할 수 있는 능력을 지닌 사유의 장소가 된다. 철학은 정치의 변형들을 명명하는 내재적인 심급이다.

또한 알튀세르의 전략은 언제나 당대의 또는 스탈린 이후의 혁명적 정치에서 발생한 위기를 기술할 수 있는 명명의 공간을 가로지르는 철학적 행위를 상황 속에서 결정짓는 것이다. 1960년대부터 "마르크스의 철학"이라 부르는 것의 범주들을 만들면서 그가 제시했던 것이 이것이다. 『자본을 읽다』(*Lire le capital*) 서문은 그 제목과 더불어 정확히 바로 이런 하나의 목표와 하나의 방향을 가지고 있는데, 철학은 그러한 것들의 이상적인 지점이다. 바로 그 제목이 '『자본』에서 마르크스의 철학으로'다.

그렇지만 그는 이런 전략적인 방향이 철학 자체의 개념 주위를 선회하는 상당한 난관들을 마주해야 하고 해결해야 한다는 점을 알게 된다. 1966년부터 우리는 처음에는 잠재적이지만 이후로는 분명해지는 핵심에 대한 자기비판의 흔적과 방향 전환을 관찰하게 된다. 알튀세르는 초기에 철학의 자율성이 어떤 면에서 주어져 있다고 가정했지만, 이후로는 명명의 이 장소가 명명할 자격을 가진 것에 의해 최종적으로 규정될 수 있도록 점점 더 엄격한 조건들 아래로 철학을 위치짓게 된다. 앞으로 살펴보겠지만 이는 알튀세르의 저작이 우리에게 물려준 하나의 핵심적인 수수께끼를 낳게 되는데, 그것은 철학과 정치 사이의 관계들이 지닌 다소 결정 불가능한 특징이다.

1965년에 알튀세르는, 그의 용어로 표현하자면, '철학자로서 『자본』 읽기'를 계획한다. 이 독해는 두 종류의 사람들, 즉 경제학자나 역사가의 독해와 대립된다. 우리는 이것이 두말할 필요 없이 『자본』의 정치적 독해라는 점을 알아차리게 될 것이다. 그렇다면 이러한 철학적 독해를 구성하는 것은 무엇일까? 중요한 것은, 그가 말한 것처럼, "특정한 담론의 특정한 대상과 이 담론이 그것의 대상과 맺고 있는 특정한 관계를 문제삼는" 것이다. 담론, 대상 등과 같은 여기서 사용된 범주들은 기본적으로 푸코의 것들과 상당히 유사한데, 알튀세르는 이 저서에서 푸코에게 감사를 표하고 있다. 철학적 탐구는 인식론적 특징을 가진다. 담론과 대상의 범주들에 대한 매개를 통해서 이 독해는 『자본』이 그가 "과학사의 절대적 시작"이라고 부르게 되는 그런 것임을 확립하게 된다.

그렇지만 논의가 전개될수록 대상적인 것(l'objectif)은 확장된다. 철학, 보다 정확히는 마르크스의 철학 또는 마르크스 이후의 철학은 위대한 고전적 전통 안에서 사유의 독트린 하나를 제시할 수 있는 것처럼 보인다. 요컨대, 그것은 "실제 대상의 인식적인 전유 메커니즘의 문제를 인식(la connaissance)의 대상을 매개로 해서 인식의 가능성을 보증하는 이데올로기적인 문제"로 대체하는 것이다.

이 지점에서 우리는 두 가지를 주목할 수 있다.

▶ 알튀세르에게 철학은 여전히 인식 이론의 체계 안에 머물러 있다. 중요한 것은 그러한 인식의 효과를 사유하는 것이다.

▶ 마르크스의 철학을 기존의 철학, 즉 이데올로기적 문제들의 지배를 받는다고 할 수 있는 철학과 대립시키는 것은 마르크스의 철학이 진리에 대한 보증을 사유하기 때문이 아니라 인식 생산의 메커니즘을 사유하기 때문이다. 스피노자를 단숨에 연상시키는 긴장과 함께 여기서 철학적 단절은 인식의 가능성에 대한 문제 제기에서 인식의 실제 과정에 대한 문제 제기로 건너갈 것을 제안한다. 철학은 단독적 실재, 즉

인식의 실재라는 관점에서 실존한다. 사태는 지식이라는 것이 존재한다(il y a du savoir)는 것이고, 그러한 'il y a'(존재한다)는, 스피노자가 우리는 하나의 진실한 관념(idée)만을 가지고 있다고 말했던 것과 동일한 의미에서, 철학이 결정되는 장소로서의 기원을 갖지 않는다. 이는 엄격히 말해 우리가 진실한 관념을 소유하고 있지 않다면, 철학을 찾아낼 수도 철학 안으로 들어갈 수도 없다는 것을 의미한다.

이런 점에서 보면, 철학이 과학과 함께 하나의 통일성(unité)의 차원에 속한 것이라는 점은, 그렇게 여겨진다는 점은 분명하다. 철학은 사실상 인식 효과의 과학 혹은 알튀세르가 말한 것처럼 이론적 실천의 이론이다.

실천이란 무엇인가?

알튀세르가 역사적 실존 일반을 위해 제시한 서술적 틀은 다수(多數)에 기초하고 있는데, 이것은 중요한 통찰이다. 환원 불가능한 이 다수는 실천들의 다수다. '실천'이 역사적 다수성의 명칭이라고 말해보자. 또는 그것이 펼쳐내는 다양한 전개의 질서 속에서 생각해보면, 그것은 내가 상황이라고 부르는 것의 명칭이기도 하다. 실천의 우선성을 인지하는 것은 "사회적 실존의 모든 층위들은 서로 명확히 구분되는 실천들의 장소들"임을 분명하게 인정하는 것이다. 본질 또는 일자(一者)라는 기호 아래서 이루어질 수 있는 사회적 실존의 이해라는 것은 없다. 알튀세르와 중국의 정치학으로부터 나는 이런 목록들에 대한 안목을 빚지고 있는데, 이 목록들은 우리가 다수와 이종(異種)에 대해 확고한 태도를 지녀야 함을 입증한다. 그가 1965년에 제시한 이 실천들의 목록은 상당히 유익하다. 경제적 실천, 정치적 실천, 이데올로기적 실천, 기술적 실천 그리고 마지막으로 알튀세르는 과학적 실천을 말하는데, 여기서 그는 마치 또 다른 명칭이라도 되는 것처럼, 보다 분명하게 의미를 밝혀주는 동의어라도 되는 것처럼 괄호 안에 이렇게 덧붙이고 있다. (또는 이론적 실천).

과학적 (또는 이론적) 실천. 과학적인 것과 '이론적인'을 것을 나란히 두고 있는 이 순진한 괄호, 결합하기 위해 분리되었을 뿐인 이 작고 일시적인 구두점은 이후에 발생할 모든 난점들을 보유하고 있다. 도대체 무엇 때문에 이 괄호는 이론적인 것 안으로 또는 그것이 아니라면 과학들 곁으로 철학을 몸소 받아들이는 것인가? 진짜 문제가 되는 것은 철학이 괄호를 요구하는 것인지 아니면 어떤 측면에서는 철학이 이미 항상 괄호들 안에 있었던 것인지에 관한 것이다. 알튀세르는 철학에 다시 구두점을 찍고 괄호로부터 그것을 끄집어내는 데 모든 노력을 기울이지만, 그때부터 이 괄호들 사이에 기입된 여백은 결코 완전히 지워지지 않는다. 얼마 지나지 않아서 그는 괄호 안의 단어와 이론이라는 단어가 증여한 것을 요약한 것이 다수라는 것을 분명하게 지적한다. 이 새로운 목록을 인용하면 다음과 같다.

과학적 혹은 이론적 실천은 그 자체로 여러 개의 가지들(다양한 과학들, 수학, 철학)로 나누어진다.

따라서 세 가지의 주된 가지들이 있다. 우리는 수학이 엄격한 의미에서 과학들과 구분되고 있으며, 동일한 방식으로 과학들과 철학 사이의 이론적인 간극 속에 수학이 위치하고 있는 것을 보게 된다. 게다가 알튀세르는 수학과 철학이 그가 "가장 '순수한' 형태의 이론"이라 부르는 것과 관계된 것임을 언급하는 데 주저하지 않는다. 순수성을 자극하는 인용부호들을 주목하라.

　　수학과 철학의 이러한 인접성은 역설적인데, 왜냐하면 후일 알튀세르는 형식주의를 철학의 전형적인 근대적 일탈이라고 비난하기 때문이다. 그는 자신이 나[바디우]의 '피타고라스주의'라고 부른 것, 자신이 보기에 과도하다고 여겨지는 철학에 들어 있는 수학성의 삽입에 대해 나를 자주 비판했다. 스승의 명령이 반복될수록 학생이 고집불통이 되는 것처럼 그 후로 나는 나의 입장을 계속 악화시켜 나갈 뿐이었다. 1965년에 이 인접성은 괄호의 피난처 속에 있는 철학이 과학과 동일한 하나의 사유 장소임을 알려주는 은유가 되고 있다는 점을 말해야겠다. 과학이 순수수학에서처럼 실제 대상이 부재하는 형식에 속한 것임에도 불구하고 말이다.

　　우리가 알고 있는 것처럼 알튀세르는 이러한 구성 모두를 '이론주의'적 일탈의 대표적인 것이라고 자기비판을 하게 된다. 그렇다면 이는 1965년에 그가 철학의 특성을 구성한다고 주장했던 것들에서 잔존할 것이 아무것도 없음을 의미하는가? 내 생각에는 전혀 그렇지 않다. 사실, 이후 전개된 그의 모든 철학의 씨앗은, 자기비판을 관통하는 사유는 1965년의 서문에서 너무나 분명하게 나타난다. 도입부에서부터 알튀세르는 『마르크스를 위하여』(*Pour Marx*)에서 이미 서술되고 있는 진술들을 종합하면서, 카를 마르크스의 기본적인 태도가 하나의 단절 속에 하나의 창조가 아니라 두 가지 창조를 포함하는 것임을 떠올린다. 마르크스는 하나의 새로운 과학, 즉 **역사과학**과 하나의 새로운 철학, 즉 변증법적 유물론을 창조했다. 그렇다면 마르스크의 단절에서 사유의 이 두 가지 차원을 직접적으로 연결해주는 것은 무엇인가? 알튀세르는 이를 다음과 같이 기술한다.

> 이데올로기와 과학 사이의 역사적 구분에 대한 철학과 역사 이론을 정초하지 않고서는 마르크스조차 마르크스가 될 수 없었을 것이다.

이것이 바로 씨앗이다. 왜냐하면 철학이 이론적 실천의 실증적 이론이라기보다는 분리 혹은 경계 설정과 같은 구분 행위처럼 여겨지기 때문이다. 마르크스의 철학 행위는 이데올로기로부터 과학을 분간할 수 있게 해주는 범주들 속에 완전히 들어 있다. 철학은 알튀세르가 레닌의 표현을 사용해 지체 없이 규정하는 것처럼, 이론적인 것 안에서 구획선들을 그을 수 있는 능력이다. 그것은 분할과 같은 이론적 부분이 아니다. 또한 개입과 같은 이론적 규율도 아니다.

하지만 이러한 씨앗을 펼쳐내기 위해, 철학을 이론적인 것의 목록들, 즉 이론적인 것의 괄호와는 다른 곳에 위치짓기 위해 알튀세르는 매우 복잡한 작업들에 몰두하게 되는데, 그의 작업들은 철학이라는 관념 자체와 심지어는 그것의 가정된 자율성에도 영향을 끼치게 된다.

결국 그 후로 그의 계획은 이론적인 것의 괄호로부터 철학을 축출하는 것으로 나아가게 되는데, 이는 또한 다음을 의미한다. 철학을 인식의 이론으로 여기는 것에 대한 완전한 중단. 그리고 동일한 방식으로 철학을 인식의 역사로 여기는 것에 대한 중단. 과학의 이론도 과학의 역사도 아닌 철학은 이에 따라 결국 실천이면서 동시에 비역사적인 것이 된다. 실천적 사명과 경향적 영원성의 이 낯선 합금은 아마도 결코 안정되지 않을 것이다. 하지만 적어도 이것은 우리에게 다음을 알려준다. 이 점과 관련해 알튀세르가 앞으로 전개해갈 모든 사유는 철학의 탈인식론화가 된다. 그리고 그는 그 자신의 것들을 포함해서 그토록 많은 선언들과 주석들이 제시하는 그런 것을 지속하기보다 프랑스의 관학주의(官學主義)가 근거하고 있는 인식론적이고 역사화하는 전통을 파괴하는 데 착수한다.

철학 개념과 관련된 알튀세르의 전술적 작업들은 우선 도려내고, 폐기하고, 부정하는 것이다. 그에 따르면, 이론주의적 판본에서 철학은 고전적으로 대상들에 대한 그것의 영역으로 정의되어왔으며, 그것의 메커니즘을 탐구하는 이론적 실천들이었다. 그런데 만일 철학이 이론적 실천들에 대한 이론이 아니라면, 도대체 어떤 새로운 대상으로부터 출발해야 그것을 판별하는 것이 가능하다는 말인가? 여기서 알튀세르의 대답은 극단적이다. 왜냐하면 그의 대답은 그런 것은 없다이기 때문이다. 철학은 실제 대상을 갖지 않는다. 철학은 대상에 대한 사유가 아니다.

이러한 관점이 함의하는 즉각적인 결론은 철학이 역사를 갖지 않는다는 것이다. 왜냐하면 모든 역사는 그러한 과정의 대상성(객관성, objectivité)에 의해 명명되기 때문이다. 무엇이든 어떤 실재적인 대상과도 관계를 갖지 않는 철학은, 엄밀하게 말하자면 어떤 일도 벌어지지 않는 그런 것이다.

무(無) 또는 공백의 이러한 소환은 내가 볼 때 상당히 핵심적이다. 철학의 범주들은 사실상 본래부터 비어 있으며, 사유를 구성하게 될 어떤 실재도 지시하지 않는다. 그리고 이 공백은 수학을 무한한 펼쳐짐(l'infini déploiement)으로 인도하는 그런 존재의 공백 같은 것도 아니다. 왜냐하면 이 공백의 유일한 실증적 상대는 행위의 공백, 즉 작용의 공백이기 때문이다. 철학의 범주들은 텅 비어 있는데, 왜냐하면 그것들의 모든 역할은 이미 주어져 있고 실재하는 재료를 다루며, 역사적으로 위치지을 수 있는 실천들로부터 시작하고 그러한 실천의 방향으로 작동하는 것이기 때문이다. 따라서 철학은 개별적인 대상들에 대한 인식적 전유가 아니라 오히려 파악하거나 실행시키는 간격을, 작용의 간극을 배치하는 범주들에 대한 하나의 사유 **행위**라고 할 수 있다.

철학이 행위와 개입의 질서에 속한다는 점은 그것 자체의 형식에서 간파될 수 있다. 철학은 사실 테제를 통해서 실행된다. 철학은 단언에 속한 것이지 논평이나 인식적인 전유에 속한 것이 아니다. 1974년에 출간되었던 1967년의 강연록 『철학과 과학자들의 자생적 철학』(*Philosophie et philosophie spontanée des savants*)에서 알튀세르는 처음부터 "철학적 명제들은 테제들이다"라고 단언한다. 이러한 테제들은, 덧붙이는 것을 주저하지 않는다면, 교조적인 테제들이며 언제나 시스템

속으로 배열된다. 테제와 교조주의 그리고 심오한 하나의 이념을 표현하는 시스템이라는 이 삼중의 차원은 모든 철학이 하나의 **선언**임을 의미한다. 철학의 **실천적** 직무는 대상에 대한 범주적 공백 속에서 하나의 경계를 선언하는 것이다. 우리가 앞으로 살펴보게 되겠지만, 선언적 형식은 알튀세르에게서 그가 정치적인 것이라고 명명하게 될 관계들 속에 철학 행위를 기입하는 것이다. 따라서 '선언'이 정치의 단어이고 정치적 단어가 되어야 한다는 것은 어떤 경우에서든 사실이다.

알튀세르의 장치에서 철학의 단언적인 형식, 즉 테제의 테제는 물음 또는 물음을 물을 가능성으로서의 철학이 지니는 모든 관념과 대립하는 커다란 미덕을 가진다. 그렇게 그는 철학의 바로 그 내부로부터 모든 해석학적 개념들과 분리의 선을 긋는다. 이것은 대단히 귀중한 유산이다. 우리가 알고 있는 것처럼, 물음을 물을 가능성과 열림 같은 철학의 이념은 항상 종교적인 것으로의 회귀를 준비한다. 여기서 '종교'는 진리가 언제나 의미의 비밀에 사로잡혀 있고, 해석과 주해(註解)의 관할에 속한다는 공리로 칭해질 수 있다. 이 점과 관련된 철학 개념에 대한 알튀세르의 무자비함은 프리드리히 니체(Friedrich Nietzsche)를 떠올리게 한다. 철학은 확신하고 공격하는 것이지 계속해서 지연되는 해석의 다소 미끈거리는 즐거움에 사로잡히는 것이 아니다. 알튀세르는 라캉이나 그 밖의 다른 이들처럼 무신론의 급진적 전제를 가지고 반(反)철학 안에서 철학을 유지하려 하는데, 이를 하나의 문구로 표현하면 다음과 같다. 진리는 어떤 의미도 갖지 않는다. 따라서 철학은 해석이 아니라 행위다.

알튀세르는 선언의 형식을 통해 이 행위를 구획선의 흔적이라고 부른다. 분리하고 단절하고 구분짓는 철학. 그리고 철학은 불변하는 틀 속에서 유물론과 관념론 같은 구성적인 경향성들에 속한 것을 만들어 낸다. 철학은 역사를 갖지 않는다. 왜냐하면 자신의 행위를 위한 공백에 지나지 않기 때문이며, 공백 또는 무의 역사라는 것은 없기 때문이고, 또한 경계를 설정하는 그것의 행위, 즉 표시를 지우는 흔적은 단지 영혼과 물질의 관계에 관한 끝없는 선택의 상황에서만 반복되기 때문이다. 유물론에 대한 물질적 대상성의 우월성, 관념론에 대한 주체와 이념의 우월성. 1967년에 알튀세르는 이렇게 썼다.

철학은 본질적으로 아무것도 일어나지 않는, 단지 무의 이러한 반복일 뿐인 기이한 이론적 장소다.

그리고 다음과 같이 덧붙였다.

각 철학의 개입은 …… 기껏해야 우리가 그것의 주장을 확인할 뿐인 철학적 무일 뿐인데, 왜냐하면 실제로 구획선은 선도 아니고 흔적도 아닌, 그저 구분짓는다는 단순한 사실, 즉 **정복한 거리의 공백**(le vide d'une distance prise)이기 때문이다.

그렇지만 모든 대상의 공백 속에서 행위를 통해 구성되는 철학이 자신의 선으로 그려내는 것은 무엇에 대한 것이며 어떤 외부의 역사성이라는 것인가? 왜냐하면 철학이 대상도 갖지 않고 역사도 갖지 않는다는 사실은 결국 그것이 아무런 효과도 가지지 않는다는 것을 의미하기 때문이다. 알튀세르라면 아마도 철학의 역사라는 것은 없지만 철학 **안에서의** 역사는 있다고 말할 것이다. "효과들이 실재가 되는, 그런 무의 흔적이 무한히 반복되는 전치(前置)의 역사"는 존재한다. 그렇다면 이런 실제 효과의 실재는 어디인가?

이 실재는 다시금 과학을 핵심적인 것으로 소환한다. 물론 철학이 과학들의 과학이거나 과학을 자신의 대상으로 삼으리라는 점은 의문의 여지가 없다. 그런데 알튀세르는 단호하게 반(反)실증적인 하나의 테제를 표명한다.

철학은 과학이 아니다. 철학의 범주들은 과학적인 개념들과 별개다.

따라서 이러한 범주들이 텅 빈 것이라는 점은 자명하다. 하지만 동시에 "철학과 과학들 사이에는 특권적 관계"가 존재한다. 이 특권적 관계를 알튀세르는 '1번 마딧점'(point nodal numéro 1)이라고 부른다. 이 특권의 본질은 무엇일까?

첫째는 과학들의 **실존**이 철학의 실존에 대한 하나의 조건이라는 점이다. 과학자들의 자생적 철학에 대한 강의의 24번 테제는 "과학들에 대한 철학의 관계는 철학의 **특수한** 한정을 구성한다"라고 선언한다. 그런 다음 느닷없이 알튀세르는 "과학들과의 관계 바깥에서는 철학이 존재할 수 없다"라고 진술한다. 이에 따라 우리는 철학과 과학들의 관계에 대한 1965년의 입장이, 즉 대상의 위치가 조건의 위치로 넘어가게 되는 것을 보게 된다. 내가 보기에 이것은 결정적인 이동이다. 알튀세르와 마찬가지로 나는 철학의 실존과 과학들의 실존 간의 올바른 관계는 대상이나 토대 혹은 비판적 검토의 관계가 아니라 조건의 관계라고 생각한다.

하지만 철학이 인식론적 이해의 방식을 통해서가 아니라면 어떻게 자신의 과학적 조건으로 되돌아갈 수 있는가? 구획선의 흔적에서 과학이 차지하는 위치는 어디인가? 우리는 지금 위태로운 분기점에 서 있다. 왜냐하면 과학과 이데올로기를 대립시키는 이전의 방식 속에 구획이 남아 있다면, 이는 과학과 이데올로기가 **철학을 위한 대상의 위치로 되돌아온다**는 것을 의미하기 때문이다. 철학 범주들의 공백은 철학 행위가 철학을 통해 과학의 본질에 대해 하나의 '인식'을 상정하는 것을 금지한다. 다시 말해 만일 철학이 대상을 갖지 않는다면 그리고 만일 특히 과학이 그것의 대상이 아니라면, 철학의 행위와 효과를 기입하는 구획선은 이데올로기로부터 과학을 직접적으로 분리하는 것이 될 수 없다. 그 결과 자신의 이데올로기적인 전사(前史)로부터 과학을 분리하는 저 유명한 '인식론적 단절'은 철학 행위 안에 포함되는 그런 것이 될 수 없다. 그렇다면 이러한 행위의 구조와 그것의 쟁점은 도대체 어떤 것이 되어야 하는가?

이 결정적 물음에 대해 알튀세르는 사실 두 가지 대답을 제시하고 있다. 이것들을 연결하는 것이 가능하다면, 모든 문제는 지식에 대한 것이라고 할 수 있다.

난점에 대한 첫 번째 구상은 철학과 모든 실제 대상 사이의 탈(脫)연결(dé-liaison)을 첨예화하는 데 있다. 여기에서 중요한 것은 최종적으로 철학이 자기 자신에 대해서만 관계를 갖고, 그것의 실제 효과는 그것의 범주적인 공백이 설립한 사유의 공간 속에서만 완전히 산출되도록 건축하는 것이다. 철학에 의해 그어진 구획선은 따라서 더 이상 과학들과 이데올로기들을 나누는 것이 아니라 알튀세르가 과학적인 **것**과 이데올로기적인 것이라 명명한 것이 된다. 과학자들의 자생적 철학에 대한 강의의 20번 테제는 이렇게 진술한다.

철학은 한편으로는 이데올로기들의 이데올로기적인 것과 다른 한편으로는 과학들의 과학적인 것 사이에 구획선을 그어내는 것을 중요한 기능으로 가진다.

하지만 이 테제는 다음과 같은 23번 테제의 반작용 속에서만 제대로 이해될 수 있다.

과학적인 것과 이데올로기적인 것 사이의 구분은 철학 안에 있다. 그것은 철학적 발명의 결과다. 철학은 철학 효과를 구성하는 자신의 결과를 가지고 하나 [一者] 를 만들어낸다. 철학 효과는 과학들에 의해 산출되는 인식의 효과와는 다른 것이다.

이것은 매우 급진적인 내재성의 테제다. 철학은 자신 안에 과학들과 실천적인 이데올로기들의 역사화된 실재에 대한 어떤 관계도 기입하지 않는다. 철학 행위는 자신의 외부가 아니라 내부에 과학적인 것과 이데올로기적인 것의 경계를 설정하는 흔적을 발명하는 것이다.

발명이라는 주제는 내 생각에 대상을 비워내기 위한 필연적인 결과다. 만일 철학이, 물론 과학들의 조건 속에 자리한 철학이 여전히 실재를 취급할 수 없다면, 그것은 그것을 조건짓는 구체적이고 내재적인 명명의 발명을 통해서가 아니고서는 이러한 조건지음을 실행할 수 없다. 철학은 과학을 사유하는 것이 아니라 과학성을 위한 명칭들을 발명하고 선언한다. 따라서 그것의 흔적은 철학 자신에 내재한, 자신을 변모시킴으로써 나온 결과다. 하지만 이런 내재적 변모는 일반적인 실천들의 장(場) 속에 놓여 있기 때문에 외부적인 효과들을 갖게 된다. 내재적인 변모, 즉 내적인 결과는 근접성과 인과성을 통해서 실천들 ─ 과학을 포함하지만 철학적인 것은 아닌 ─ 에 작동한다. 즉 알튀세르의 말에 따르면 이렇다.

철학은 자신 안에서 효과들을 산출하는 방식으로만 현실에 개입한다. 철학은 그 자신이 **자신 안에서 산출하는 결과를 통해서만 자신의 바깥에** 영향을 끼친다.

구획짓기라는 철학적 행위에 들어 있는 이 내재성과 발명이라는 이중의 주제는 긴밀하게 결합된다. 하지만 이로 인해 지불해야 할 대가는 명확하다. 자신의 바깥에 있는 철학의 효과들, 현실 속에 있는 그것의 효과들이 철학 자신에는 완전히 불투명한 것으로 남아 있어야 한다는 점이 바로 그것이다. 특히 철학은 과학이나 이데올로기들에 끼치는 자신의 효과를 측정하거나 단순하게 사유하는 것조차도 불가능한데, 왜냐하면 이런 효과들을 측정하거나 사유하는 것은 과학과 이데올로기가 철학 안에 그러한 것들로서 범주화되어 있다는 것을 가정하기 때문이다. 그러나 내재성의 규칙은 이를 불가능하게 한다. 과학적인 것과 이데올로기적인 것의 범주들을 발명하는 철학은 그러한 경계 설정이 산출하는 과학들이나 이데올로기들에 대한 실제 효과를 사유할 수 있는 상태에 있지 않다. 따라서 철학은 실제적인 실천들에 의해 결정되거나 조건지어지며, 이러한 실천들에 대한 철학의 효과는 단지 하나의 공허한 가정에 지나지 않는다. 철학의 특성, 즉 그것의 실재에 대한 사유 불가능성은 철학이 자신의 조건들 속에서 산출해내는 효과 안에 보존되어 있다. 그리고 바로 이런 점에서, 정말로 심오한 의미에서 과학들은 철학의 조건들이다. 하지만 그것은 알튀세르가 이따금씩 경솔하게 철학은 "그 자체로 계급투쟁의 효과와 과학적 실천의 효과가 결합됨으로써 나온, 본질적으로 이론적인 영역에 속한 생산물"이라고 주장하는 것처럼 인과적인 관계 때문이 아니다. 오히려 그보다는 철학의 맹점이 과학에 속한 그리고 보다 일반적으로는 현실에 속한 효과들로 구성되어 있다는 점에서 그렇다.

　그렇지만 이 구성적인 맹목, 이 불가능성의 지점은 알튀세르의 사유에서 다른 차원의 장애물을 구성한다. 그가 결정적이고 전략적인 중요성을 부여하는 이 차원은 마르크스 철학 또는 마르크스-레닌주의 철학의 독특성이다. 다시 말하면, 마르크스와 레닌, 마오에 의해 철학에 도입된 단절의 차원이다. 그가 이러한 단절을 마르크스와 그의 계승자들의 철학이, 비록 충분히 정교화되지는 않았을지라도, 자신의 조건들과 효과들의 체계를 내면화한다는 점에서 이전의 철학들과 그리고 우리 시대의 관념론적인 철학들과 근본적으로 구별되는 것으로 보았다는 점에는 의문의 여지가 없다. 알튀세르는 여기서 엄격하게 내재적인 철학 독트린이라면 금지할 것이 틀림없는 자기 투명성(transparence à soi)이라는 낡은 관념을 차용하고 있다. 1968년 4월에 — 날짜를 유의하라 — 그는 이렇게 적고 있다.

철학에서 마르크스-레닌주의 혁명은 철학이 계급의 입장을 표현한다는 사실을 항상 부정하는 철학에 대한 관념론적인 이해 — '세계에 대한 해석으로서의 철학' — 를 거부하고 프롤레타리아 계급의 입장을 채택한 데 있으며, 그에 따라 이론 속에서 계급 분할의 효과들을 유발하는 혁명적이고 유물론적인 철학의 새로운 실천을 창시한 데 있다.

따라서 여기서 마르크스-레닌주의 철학은 자신의 계급이 지닌 정치적인 조건들을 부정하지 않는 그리고 계급이 자신에 대해서뿐만 아니라 이론의 장 전체에 대해서도 도입한 분할의 효과들을 제어하려 하는 유일한 철학이다. 그것은 명백히 자신의 조건들과 효과들에 대해, 계몽 중이거나 계몽된 것이라 할 수 있는, 다른 차원의 관계를 맺고 있는 철학이다. 그것은 관념론적인 부인(否認)으로부터 해방된, 그 결과 내재성의 독트린이 부과하는 맹목의 지배로부터 벗어난 철학이다. 따라서 그것은 실재의 지점 또는 불가능성의 지점이 상이한 철학이다.

하지만 계급투쟁에 대한 대대적인 참조에서 알 수 있듯이 철학의 개념 자체에 대한 알튀세르의 탐구 노선은 여기서 완전히 달라진다. 그는 철학의 대상 부재와 그에 따른 과학적인 것과 이데올로기적인 것을 가르는 구획선의 흔적이 갖는 위상에 대해 논의하는데, 이는 완전히 달라진 관점이다.

근본적으로 이러한 변화는 철학이 과학적인 조건뿐만 아니라 정치적인 조건 아래에서도 결정된다는 것으로 귀착된다. 그에 따라 철학과 과학들의 관계에 대한 1번 마딧점 외에도 철학과 정치의 관계에 대한 2번 마딧점이 존재하게 된다. 여기에 알튀세르는 다음과 같이 덧붙이고 있다. "모든 것은 이 이중의 관계 속에서 행해진다." 따라서 이러한 테제는 다음과 같이 정리될 수 있다. 철학은 대상도 역사도 갖고 있지 않으며, 당연히 과학에 대한 사유뿐만 아니라 계급투쟁이나 정치에 대한 사유도 할 수 없고, 이 둘 간의 관계에 대한 사유도 할 수 없다. 철학은 때로는 정치에 대한 과학을, 또 때로는 과학에 대한 정치를 — 알튀세르의 표현을 빌리자면 — **표상한다**. 그런데 여기에는 매우 압축적이면서도 수수께끼 같은 이런 문장이 있다.

철학은 특정한 영역에서 특정한 방식으로 특정한 현실을 제시하는 지속적 정치가 되려 한다. 철학은 이론의 영역에서 정치를, 보다 정확히는 과학들에 대한 정치를 재현하려 하며 그 역이기도 하다. 철학은 계급투쟁에 참여하는 계급들과 함께 과학성을 정치 안에서 재현하고자 한다. …… 철학은 심급으로서의 그 자신을 구성하는 두 가지 주요한 심급들, 즉 계급투쟁과 과학들 사이의 제3심급으로서 어딘가에 존재한다.

이 문장을 어떻게 이해해야 할까? 우리는 먼저 사유로서의 철학의 공간이 과학들과 정치라는 두 가지 조건 사이의 간극으로 인해 어떤 의미에서는 열려 있다는 것을 알 수 있다. 조금 전에 언급한 괄호로부터 철학과 과학들을 이론적인 것 안으로 포섭했던 것을 끄집어내보자. 괄호의 구속으로부터 철학을 구출하는 작동인(作動因)은 계급투쟁이라는 이름에 속한 정치다. 이것이 철학을 자신의 조건들에 대한 공존 가능성의 작용으로 연결시켜주는데, 이것은 나 자신이 내린 정의다. 철학은 정치적 처방과 과학적 패러다임 사이에서 이것들을 대상으로 취하지 않고 순환하게 된다. 공백은 이러한 범주들과 더불어 최초의 공백, 즉 이종적인 진리의 실천들을 분리하는 최초의 간격을 통해서 유지된다. 이에 따라 내재적이고 철학적인 효과는, 예를 들어 과학적인 것과 이데올로기적인 것 사이를 구획짓는 흔적은 하나의 **위치**로 주어진 계급에 대한 처방이라는 의존성 아래 놓이게 된다. 철학적 행위는 하나의 선언이지만, 이 선언은 하나의 위치를 증언하거나 표상한다. 중요한 것은 위치가 그 자체로 철학적인 것은 아니라는 점을 분명히 아는 일이다. 그것은 계급의 위치일 뿐이다. 따라서 철학 행위는 어떤 대상도 부재한다는 점에서 자신의 결과에 속해 있는 내재적인 것이며, 그럼에도 이와 동시에 위치와 관련해서 언제든지 국지화될 수 있다는 점에서 자신이 아닌 다른 것으로 이행할 수 있는 것이라고 우리는 주장할 수 있다. 조건들의 이원성 덕분에 우리는 위치지어진 내재성(immanence située)의 효과라고 할 수 있는 복합적인 효과를 가지게 된다.

여기서 알튀세르의 몽타주 작업이 매우 복잡하게 뒤얽혀 있다는 점을 언급하는 것이 좋을 것이다.

무엇보다 먼저 알튀세르가 철학과 과학 사이의 그리고 철학과 정치 사이의 '이중의 관계'라고 부르는 것에 대한 조절 장치는 사실상 이러한 범주들 속에서는 찾을 수 없으며, 우리는 이러한 상황들과 불안정성을 당연히 감안해야 한다. 알튀세르가 한편으로는 표상으로, 다른 한편으로는 '제3항' 또는 매개를 통해서 관념론적인 변증법의 주제들에 상당 부분 의존했다는 것은 좀처럼 드문 일이라는 점에서 놀랍다.

내 생각을 밝히자면, 이러한 범주들이 지시하는 것은 철학과 진리에 대한 그것의 조건들 사이의 **비틀림(torsion)**의 관계다. 여기에는 적어도 해방의 정치학과 과학들이라고 하는 두 가지 조건들이 존재한다. 이러한 관계를 사유하는 것은 철학 내부에서만 이루어질 수 있는데, 왜냐하면 철학 행위라는 것은 결국 이러한 비틀림 **자체**에 지나지 않기 때문이다. 철학은 — 알튀세르가 예상했던 것이 바로 이것인데 — 진리들이 존재한다고 진술하거나 선언하지만, 철학이 그렇게 할 수 있는 것은 단지 그것들이 존재한다는 조건 아래에서뿐이다. 철학적 비틀림은 **진리**의 이름 아래서 또는 이에 상응하는 다른 모든 이름 아래서, 진리들의 과정에 대한 실제 형식이 아니라 그것들의 존재에 대한 선언적인 형식 속에서 몇 가지 진리들이라도 **파악될** 수 있는 텅 빈 공간을 설정하는

데 있다. 진리들의 'il y a'는 이중적이다. 'il y a'는 철학을 위한 조건을 만들어내는 그것들의 과정의 실재이면서 또한 그것들의 존재를 선언하는 철학적인 파악이다. 이러한 진리의 이중성은 **진리들**이라는 복수형과 **진리(Vérité)**라는 단수형 사이를 통과한다. 여기서 단수형 진리는 문자 그대로 철학적인 하나의 공백의 범주로, 모든 철학 행위는 그것에 대한 파악이고 선언이다.

예를 들어, 알튀세르는 사태들의 이러한 통찰에 다음과 같이 가장 가까이 다가가 있다.

> 따라서 [철학은] 이론적인 형식 아래서 정치적 실천과 과학적 실천이라는 두 가지 영역들에 정치적으로 개입한다. 이 두 가지 개입의 영역들은 철학 자체가 이 두 가지 실천의 효과들이 결합됨으로써 나온 산물이라는 점에서 그 자신의 것들이다.

우리는 여기서 철학의 특징이 자신이 개입해 들어가는 장과 자신을 조건짓는 장이 동일하다는 데 있음을 볼 수 있다. 여기에 바로 비틀림이 있다.

그럼에도 알튀세르는 두 번째 비틀림을 도입함으로써 도식을 훨씬 복잡하게 만들고 있는데, 이 두 번째 비틀림은 철학이 **정치적으로** 개입해 들어간다고 그가 상정할 때 곧바로 밝혀진다. 그에게 정치는 철학의 진리에 대한 조건일 뿐만 아니라 철학 행위의 본질을 고정시키는 것이기도 하다. 최종 심급에서 과학들과 정치 사이의 매개이자 표상이 되는 철학적 개입은 그 자체가 하나의 정치 형식이 된다. 두 번째 비틀림은 철학의 조건들 사이에서 이루어지는데, 여기에는 철학 행위의 존재를 요구할 수 있는 그런 자격을 지닌 하나의 정치 혹은 하나의 계급투쟁이 존재한다.

회상해보면, 우리는 1968년 전후와 그것의 여파 속에서 살고 있다. 철학이 근본적으로 정치적이어야 한다는 것은 시대의 화두다. 무엇보다 특히 우리가 정치와 철학의 융합, 실뱅 라자뤼스가 정부의 지배로 이어질 수밖에 없다고 지적했던 그런 융합이 근본적으로는 스탈린주의적인 관념이라는 점을 분명하게 유념하고 있다면, 오히려 이런 당혹스러운 압력을 회고적으로 뒤쫓는 편이 훨씬 흥미로울 것이다.

여기서 알튀세르는 평행추의 맨 끝부분에 있다. 떠올려보면, 1965년 당시 그에게 철학은 과학과 동일한 선상에 있었다. 1968년에는 철학이 계급투쟁의 형태였는데, 그의 표현에 따르면 그것은 이론 속의 계급투쟁이었다. 헤겔을 읽어 나갔던 1914~15년의 레닌을 검토하면서 알튀세르는 우리에게 이렇게 말했다. "그것은 박식함에 관한 것이 아니라 철학에 관한 것이다. 이론 속의 정치를 다루는 철학에 관한 것이다. **따라서 그것은 정치에 관한 것이다.**"

여기서 선언되고 있는 것은 철학의 조건들이 유지하고 있는 균형 속에서의 결정적인 단절이다. 그 후로 정치는 우리가 철학이라고 명명한 사유 행위를 단독화하는 이중의 비틀림이 가동되는 시스템 속에서 완전히 특권적인 자리를 차지하게 된다. 이 특권은 조건의 지위와는 별도로 정치가 행위의 한정 속으로 관통해가게 해주는 것이다.

나는 이러한 균형의 단절과 철학의 조건들 가운데 하나가 차지하는 한정적인 특권을 봉합(suture)이라고 불러왔다. 철학의 조건들 가운데 하나가 파악하고 선언하는 철학 행위의 한정에 할당되었을 때 철학의 봉합이 나타난다. 예를 들어 알튀세르가 "철학은 이론적인 형식 아래서 벌어지는 정치적인 **개입에 대한 하나의 실천이다**"라고 말할 때, 그는 철학을 정치에 봉합한다. 사실을 말한다면, 몇 해 전까지만 해도 그는 이론적인 것의 괄호 속에서 철학을 과학에 봉합했다. 알튀세르의 창조적인 궤적은 봉합의 전치 속에서 전개되는데, 하지만 결국 그러한 전치는, 내가 앞서 말했듯이 다른 누구보다도 훨씬 더 그 자신이 엄밀성을 강조했음에도 불구하고, 그러한 철학 행위를 해방시키고 그것의 내재성을 보존하는 것에는 이르지 못한다. 철학을 과학과 대등한 것으로 둘러싸버리는 괄호를 제거하는 것은 단지 철학을 정치적인 것의 일종으로 만드는 또 다른 괄호로 다시 둘러싸는 것을 통해서만 가능하다. 그것이 아마도 괄호들 사이에 놓여 있는, 멀리서 작동하는 여백으로, 이러한 여백의 형식적인 끌어당김은 봉합의 끌어당김이다. 만일 알튀세르가 철학 개념을 위임했던 이런 전치들이 급격하고 격렬한 것이었다면, 그것들은 이러한 공백의 자리를 온전히 남겨놓을 것이다. 왜냐하면 공백이 거기에 자리를 잡으려 할 때, 철학이 자신의 사건적인 조건들 가운데 하나에 의해 어떤 의미에서 **위태로워지는** 곳이 바로 이 공백의 자리이기 때문이다.

봉합들의 난점은 그것들이 철학과 특권적인 조건이라는 자신의 두 가지 모서리들을 독해하기 어렵게 만든다는 점이다.

철학의 편에서, 봉합은 자신의 진리와 관련해 하나의 독자적인 한 정을 철학 행위에 부여하며, 완료되면 사유의 장소로서의 철학적 장소 에 필요한 범주적 공백을 무너뜨린다. 비록 철학이 대상을 가지지 않는 다고 그가 다른 글에서 매우 확고하게 설명했다 할지라도, 알튀세르의 언어 속에서 우리는 철학이 정치에 봉합되고 나면 사실상 그것이 하나 또는 그 이상의 대상들을 찾아내는 것이라고 말할 수 있다. 앞서 인용 했던 텍스트에서 그는 철학이 정치적 실천과 과학적 실천에 정치적으 로 개입한다고 말하기까지 한다. 하지만 알튀세르 자신에 따르면, 그것 이 불가능함을 우리는 보게 된다. 왜냐하면 철학의 결과들은 엄격하게 내재적이고, 과학 또는 정치와 관련된 그것의 조건들이 갖고 있는 실천 적인 내재성은 단지 그것의 행위가 향하는 단 하나의 지점으로만 접근 할 수 있기 때문이다.

정치의 편에서, 봉합은 진리의 과정을 탈(脫)단독화한다. 철학이 하나의 정치적 개입이라는 것을 선언하기 위해서는 정치에 대한 대단 히 일반적이면서도 비결정적인 하나의 개념을 가져야 한다. 사실상 우 리는 그것을 라자뤼스가 **정치의 역사적 양태들**이라고 부른 것과 같은 비범하고 연속적인 실존으로 대체해야 한다. 그것들만이 철학의 실제 조건들에 속한, 철학소(哲學素)에 다기한 구멍을 낼 수 있는 정치의 비 전이다. 이것이 바로 정치적 실천과 계급투쟁을 순수하면서도 단순하 게 동일시하는 알튀세르의 장치가 수행하는 역할이다. 마르크스나 레 닌도 계급투쟁이 **그 자체로** 정치적 실천과 동일시될 수 있다고 표명하 지 않았다. 계급투쟁은 **역사**와 정부에 대한 하나의 범주이고, 정치의 한 가지 **재료**를 구성하는 완전히 독자적인 조건들에 속한 것에 지나지 않는다. 철학과 정치 사이의 봉합을 지원하는 것으로 다루어지는 계급투쟁은 하나의 단순한 철학 범주, 그것이 발생되는 범주적 공백을 위한 이름들 가운데 하나가 되어버린다. 그것이, 우리가 인정해야만 하는, 철학적 내재성의 보복이다.

하지만 최종적인 어려움은 내가 보기에 알튀세르가 철학은 '이론적 형식 아래 있는' 정치적 개입이라고 반복해서 말할 때 생겨난다. 정치의 '다른 형식들'로부터 철학적 개입을 구별하는 것처럼 보이는 이 형식적 원칙에 속한 것은 무엇인가? 그리고 이 '다른 형식들'은 무엇인가? 정치의 '이론적 형식'이 존재하며 그것이 철학이라면, 하나의 '실천적 형식'이라는 것은 정확히 무엇인가? 프랑스 공산당을 말하는 것인가? 저항하는 이들의 자발적인 운동인가? 정부들의 활동인가? 이런 구분은 성립될 수 없다. 현실에서 해방의 정치는 그 자체가 모조리 사유의 장소다. 따라서 그것을 실천적 측면과 이론적 측면으로 분리하려는 것은 부질없는 일이다. 그것의 과정은 모든 진리의 과정들처럼 사건적인 조건들 아래에서 하나의 상황이라는 형식을 취하는 하나의 재료 안에서 벌어지는 하나의 사유 과정이다.

근본적으로 알튀세르가 실패한 것, **우리가** 1968년에서 1980년대 초반 사이에 놓쳤던 것 그리고 오늘날 우리가 보고 있는 것은 바로 철학의 **모든** 조건들에 대한 사유 속에 들어 있는 내재성에 대한 충분한 인식이다. 왜냐하면 때로는 알튀세르가 깨달은 것 이상으로 주목하면서도 또 때로는 망각하고 있는 것이, 바로 이런 법칙이 존재한다는 것이기 때문이다. 그래서 철학을 조건짓고, 특히 라자뤼스가 내면성이라고 말한 정치의 내재성을 조건짓는 진리의 모든 절차들을 사유하고자 한다면, 철학의 결과들과 효과들의 내재성을 사유하는 것만이 가능할 뿐이다.

알튀세르는 관학적인 반복과 철학의 종언이라는 우울한 관념으로부터 철학을 해방시키기 위해 필요한 모든 것들을, 비록 전개시키지는 못했지만, 대략적으로 지적했다. 대상의 부재, 공백, 범주의 발명, 선언과 테제들, 조건들 아래 두기, 효과들의 내재성, 체계적인 합리성, 비틀림, 이 모든 것들은 그의 저작 속에 남겨져 있다. 여기서 역설적인 것은 완전히 상반되는 연속적인 두 가지 논리의 틀 속에서 그가 이러한 배치를 발명했다는 점인데, 왜냐하면 그것들은 봉합의 논리들이기 때문이다. 하지만 이러한 역설은 정치주의를 통해서는, 그뿐만 아니라 미학이나 타자의 윤리학을 통하더라도 마찬가지로 이론주의로부터 벗어날 수 없다는 것을 최소한 우리에게 가르쳐준다. 따라서 알튀세르의 저서를 탈봉합하고 그의 발명이 갖는 보편적인 효과들을 해방시키는 것이 필요하다. 내가 제안하는 방법은 몇 가지 준칙들로 요약될 수 있다. 여기서 네 가지만 제시해보기로 하자.

■ 조건들의 공간을 단독적인 사건들 뒤에 있는 이질적인 진리들로부터 출현한 모든 내재적인 사유의 장소들로까지 확장하라. 과학들과 정치의 양태들뿐만 아니라 예술과 사랑의 모험이 출현하는 장소들을 포함하라.

■ 조건들과 과학, 정치, 예술, 사랑을 지식이나 경험의 장치들로서가 아니라 진리의 출현들로 이해하라. 담론의 지배 아래 속한 것이 아니라 사건에 대한 충실성에 속한 것으로 이해하라. 알튀세르는 진리의 범주를 반대했고 그것을 관념론자들의 것으로 보았다. 그는 인식과 진리를 동일시했다. 사실상 그것은 그의 사유 속에 실제로 잔존하는, 더군다나 그가 무너뜨리고자 시도했던 프랑스 인식론적 전통의 흔적이다. 또한 그것이 이 사상가가 그토록 시대의 사건적인 지평 속에 단단히 위치하고 있었음에도, 그와 같은 사건을 사유하는 철학에 접근할 수 없었던 이유이기도 하다.

■ 철학 행위를 표상의 형식 안에, 매개의 형식 안에 위치시키지 말라. 이 행위는 하나의 파악이고, 그래서 또한 하나의 전율(saisissement)이다. 이 행위는 진리들이 존재한다는 것을 우리로 하여금 파악하게 해준다.

■ 철학에서 뺄셈의 차원을 붙잡아라. 철학은 자신 너머로까지 개입하려는 요구들로 꽉 찬 것을 자기 자신으로부터 삭제하는 역사적 윤리를 가지고 있다. 그의 진술을 수정하는 방식으로 매 순간 다시 말해져야 하는 것은, 철학이 정치도, 과학도, 예술도, 열정도 아니라는 것이고 앞으로도 그럴 것이라는 점이다. 하지만 정치 안에, 과학 안에, 예술 안에, 사랑 안에 진리들이 존재한다는 것 그리고 이러한 진리들은 공존 가능하다는 것을 우리로 하여금 파악하게 해주는 장소는 바로 철학이다. 행위는 철학을 통해서 시간을 영원으로 향하게 한다. 영원이 진리들이 작동하는 시간이라는 한에서.

이런 원칙들 아래에서 나는 알튀세르의 한 가지 확신, 그가 이미 철학의 종언이라는 관념 — 설사 그것이 마르크스주의의 것이라 할지라도 — 과 대립시켰던 그런 확신을 절대적으로 공유하고 있다. 철학의 불가항력적인 실존에 대한 확신을 말이다.

그토록 반철학으로 특정지어졌던, 지구적인 허무주의와 인문과학의 군림이 결합된 주제들에 그토록 개방적이던 그 1960년대 동안, 알튀세르는 거의 유일하게 오늘날까지도 나에게 여전히 결정적이고 논의가 필요한 진술을 펼쳤던 사람이라는 것을 강조할 필요가 있다. 그의 진술은 다음과 같다. "철학이라는 것이 존재한다"(il y a de la philosophie). 보다 자세히 말하면 이렇다. 하나의 이성적인 형식에 속한 철학이라는 것이 존재한다. 이런 점에서 그는 라캉이나 푸코 혹은 데리다 같은 모든 반철학자들과는 다른, 그렇다, 그야말로 철학자였다. 이는 그가 철학이라는 것이 존재했었다고 주장했기 때문만이 아니라 앞으로도 언제나 그러할 것이라고 공표했기 때문이다. 근본적으로 그는 영원한 철학(philosophia perennis)의 지지자였다.

포이어바흐에 관한 열한 번째 테제[1]를 언급하면서 그는 다음과 같이 적었다. 기대라는 것이 그것이 지속되리라는 확신 이외의 다른 것이

---

[1] 마르크스가 1845년에 노트로 남겨놓은 루트비히 포이어바흐(Ludwig Feuerbach)에 관한 테제들을 말한다. 프리드리히 엥겔스(Friedrich Engels)에 의해 처음으로 알려진 이 테제들은 출판을 목적으로 한 것이 아니라 연구를 위해 작성한 초고였지만 이후 철학자들에게 수많은 영감의 모태가 되었다. 열한 번째 테제의 전문은 다음과 같다. "지금까지 철학자들은 단지 세계를 다양하게 해석해왔을 뿐이다. 그러나 중요한 것은 세계를 변화시키는 것이다."

될 수 없는 그런 순간들이 존재하는 것이 사실이라는 점에서, 나는 이 문장이 그러한 기대에 대한 결론으로 적합하다고 생각한다.

이 문장[열한 번째 테제]은 하나의 새로운 철학을 예고하는가? 나는 그렇게 생각하지 않는다. 철학은 폐기되지 않을 것이다. 철학은 철학으로 남아 있을 것이다.

7
장-프랑수아 리오타르
Jean-François Lyotard, 1924~98

　나의 사유가 리오타르의 흔적들과 글들로 또는 그의 신체나 얼굴로 향해갈 때면, 다시 말해 그의 아름다움이나 매력으로 향해갈 때면, 내가 떠올리게 되는 것은 언제나 밤[夜]이다. 이 밤은 낮이 차차 사유할수 없는 것이 되어가고, 그와 동시에 형용할 수 없는 흔적이 아침의 형상처럼 존재하는, 존재했어야만 하는 곳에 존재하는 결정적인 질서다.

　『분쟁』(Différend)을 말하면서 나는 이 제목이 성서의 라틴어 번역인 "Custos, quid noctis", 즉 "파수꾼이여, 밤은 어찌되었소?"[1]에서 차용한 것임을 알게 되었다. 도대체 어떤 밤을 말하는 것인가? 장르(genre)로서의 정치학으로 다가오거나 추락하는 밤. 이것이 이 책의 집요한 주제들 가운데 하나다. 우리가 도달하게 된 결론은 정치가 담론의 장르

---

1 「이사야」 제21장 11절.

가 아니라는 이해인데, 왜냐하면 정치는 장르들의 다양성이기 때문이고 존재하지 않는 존재(l'être), 즉 'il y a'이기 때문이다. 또는 그것은 "존재하지 않는 존재의 이름들 가운데 하나"다. 리오타르에 따르면 이 밤은 이제부터 우리의 거점이다. 그가 오롯이 15년 동안 ― 그리고 나 역시 그 이상의 세월 동안 ― 자신의 삶을 헌신했던 것은 존재하지 않는 존재의 이름들 가운데 하나에 지나지 않는다. 이를 통해 우리가 이해할 수 있는 것은 정치가 모든 것이라는 사실이지만, 이종적 산포(散布)의 의미에서는, 즉 우리가 거기에 실존을 몰두하는 것을 방해한다는 점에서는 이렇게 말해질 수도 있다. 정치는 아무것도 아니며, 더 이상 아무것도 아니다. 리오타르가 자신의 책 『리비도 경제』(Économie libidinale, 1984)에 대해 1986년에 했던 언급 "거기에서 표현되고 있는 격렬한 절망"을 잊지 말자. 절대로 잊지 말자. 이 절망은 그 책에서 전개되고 있는 정치의 절망이다. 그리고 우리는 1973년의 『마르크스와 프로이트로부터의 일탈』(Dérive à partir de Marx et Freud)에서 언급되었던 일탈이라는 낱말도 또한 기억해야 한다. 결과의 변증법적 논리와 대립할 뿐만 아니라 이성과도 대립하는 '일탈'. "우리는 자본의 파괴를 바라지 않는다. 왜냐하면 그것이 이성적이지 않을 뿐만 아니라 존재하는 것이기 때문이다." 그뿐만 아니라 비판과도 대립된다. "비판을 넘어서 일탈해야 한다. 게다가 일탈은 그 자체로 비판의 종말이다." 하지만 근본적으로 자본 스스로의 우울증적 일탈을 동반하고 실행시키고 마침표를 찍는 것은 바로 이러한 일탈이다.

리오타르는 하나의 사유를 감시하고 지켜주고 있는 것이 밤이라고 그리고 존재하지 않는 존재의 이름들 가운데 하나로서의 정치라고 말하고자 한다.

새로운 세대가 성취한 것, 그것은 자본의 회의주의, 즉 그것의 니힐리즘이다. 여기에는 사물들이 없다, 여기에는 인간이 없다. 여기에는 국경이 없다. 여기에는 앎이 없다, 여기에는 믿음이 없다. 여기에는 살아야 할 / 죽어야 할 이유가 없다.

리오타르가 가혹하게 맞닥뜨려야 했던 것, 관통해야 했던 것, 사유해야 했던 것은 이 살기/죽기의 부재다. 그리고 그것에 매진하면서도 사랑만은 예외로 남겨둔다. 정치적 헌신이 최고도로 강해질 때조차 그는 사랑에 대해서만은 항상 예외적인 지위를 부여하려 한다. 자신과 자신의 친구 피에르 수이리(Pierre Souyri)에 대해 말하면서 리오타르는, 12년 동안 "우리의 시간과 능력을 '사회주의냐 야만이냐' 그룹[2]의 목표였던 혁명적인 비판과 방향 전환이라는 그런 유일한 기획만을 생각하고 실천하는 데 바쳤다"라고 회고한다. 하지만 그는 이렇게 덧붙인다. "그 시절 동안 사랑하는 것만을 제외하고는 그 어떤 것도, 단 한순간도, 우리의 관심을 끌 만한 것으로 여겨지지 않았다."

---

2 Socialisme ou Barbarie: 1948년에서 1965년까지 활동했던 프랑스 사회주의자들의 단체명이자 여기서 발간된 잡지의 제목이기도 하다. '사회주의냐 야만이냐'라는 문구는 엥겔스가 언급했던 내용을 로자 룩셈부르크(Rosa Luxemburg)가 1916년의 「유니우스 팜플렛」(The Junius Pamphlet, 1915)에서 간략하게 표현함으로써 널리 알려지게 되었다. 리오타르는 1956년부터 1966년까지 이 잡지의 편집위원으로 활동했다.

"사랑하는 것만을 제외하고." 확실히 성 아우구스티누스(saint Augustin)에 대한 마지막 언급들은 우리에게 이 예외가 지닌 울림을 말해준다. 하지만 그 밖의 것들에는, 혁명적 정치라는 이름 아래 있는 금욕적이고 활기 넘치며 육중한 헌신이 그리고 명령의 형태를 조금씩 취해감에 따라 점차 확장되는 상실이나 매장(埋藏) 같은 것이 존재한다. 밤의, 어떤 특정한 밤의 정언명령. 예를 들면 알제리에 대한 1989년 텍스트의 서문에 등장하는 이 갑작스러운 진술들. 먼저 "이 모든 것은 혁명적인 관점으로서의 마르크스주의가 그리고 진정으로 혁명적이라고 할 수 있는 모든 관점들이 종말을 고했다는 것을 나타낸다." 그리고 밤의 명령에 좀 더 가까운, "자본주의의 지배를 대체할 근본적인 대안이라는 원칙은 단념**되어야 한다**." 정언명령의 기표 '되어야 한다'는 표현이 텍스트에서 강조되고 있다.

리오타르의 사유는 이 '해야 한다'에 대한 길고도 고통스럽고 복잡한 사색이며, 그가 사망한 후에는 우리에게 그 일이 맡겨졌다. 퇴락하지 않으면서 밤을 받아들여야 하는 과제. 이것은 다음과 같은 것이기도 하다. 마르크스주의 없이, 다시 말해 객관적인 역사적 주체 없이 그리고 어쩌면 그가 쓴 것처럼 "할당할 수 있는 목적들 없이" 어떻게 저항할 것인가? 만일 정치가 버려진 이름 같은 것이라면, 이제 고집스럽게(l'intraitable) 충성해야 할 장소는 어디인가? 밤 속에서 우리의 일탈이 위치한 곳은 어디인가?

그곳은 맹목적인 집요함과 자본의 맹목으로서의 밤이 지닌 이면, 말로 표현할 수 없는 아침의 틈새가 존재하는 곳이다. 궁극적으로 그곳은 법칙에 대한 친밀한 고집스러움, 기억할 수 없는 고집스러움이 존재하는 유년기와 짝을 이루는 이름들 아래 있다. 하지만 어쩌면 그곳은 지난 30년 동안 리오타르의 철학적 일탈을 지탱해온 모든 이름의 목록들 아래에 있는 것이기도 하다.

'마르크스주의'라는 단어마저도 그것의 삭제는 밤의 근본적인 소여들 가운데 하나이고, 그것의 분산은 그의 사유에서 반(反)사변적인 균열의 역할을 하기 때문에 이 단어 역시 자신에게로 되돌아와 아침의 수호자를 명명한다. 수이리와 함께 자신의 분쟁을 언급하면서, 이 분쟁의 과정 속에서 리오타르는 마르크스주의가 '모호하게 낡아버린' 담론이 되는 순간, 우리의 몇몇 표현들이 '발음할 수 없는 것'이 되어버리는 순간, 바로 그때 그것의 이름 아래서 "반박으로부터도, 몰락으로부터도 벗어날 수 있는 아득한 확신과 의지와 사유에 대한 자신의 모든 권한을 간직하고 있는 어떤 것"을 우리가 우연히 마주하게 된다는 것을 발견한다. 그리고 내가 보기에는 결정적인, 이런 문장으로 결론을 맺는다.

내가 느꼈던 것은, 놀랍게도 이론에서조차 기만을 찾을 수 있는 데 반해, 마르크스주의 안에서는 모든 반론을 넘어서고 모든 화해를 성사시키는 것이 존재한다는 점이다. 사회 안에는 측량할 수 없는 다양한 장르의 담론들이 작동 중이며 어떤 한 가지도 나머지 모든 것들을 옮겨 적을 수 없지만, 그럼에도 불구하고 적어도 이들 가운데 하나, 자본 또는 관료주의는 자신의 규칙들을 다른 것들에 부과한다. 유일하게 전면적인 이러한 억압은 희생자들이 이에 대항해 증언하는 것을 금지하기 때문에, 이를 이해하고 이러한 담론의 철학자가 되는 것만으로는 충분하지 않고 여기서 더 나아가 이것을 파괴해야만 한다.

사유가 밤 속에서 아침의 역량을 지키도록 해주는 모든 것이 이 텍스트에서 이야기되고 있다. 이러한 지원 혹은 기회들을 열거해보자.

1. 첫 번째로, 여기에는 다수(多數)가 존재한다. 리오타르가 심오하면서도 중요한 철학자라는 것을 내가 동의하는 지점이 바로 이것이다. 밤은 단일한 형태로 존재하도록 부과된 것임에도, 이종과 다수성을 향해서만 다가간다. 존재는 본질적으로 복수다. 『분쟁』의 132번 단장(短章)은 이렇다. "요약하자면, 발생한 일에 대한 동어반복이 아닌 다른 어떤 것이 발생하는, 그런 사건들이 존재한다." 이는 다음과 같은 것을 뜻한다. 독특성들(singularités)이 존재한다. 질문의 분산적 형태 안에 들어 있는 것은 이렇다. 그것이 일어날 것인가? 게다가 또한 진정으로 고유한 이름들이 존재한다. 133번 단장. "세상을 통해서 나는 고유한 이름들의 연결망을 이해한다." 고유한 이름들의 고유성은 어떤 단 하나의 문장도 그것들의 복수성을 고갈시킬 수 없음을 의미한다.

2. 억압은 확실히 하나의 담론 장르인 자본이 다른 장르들에 자신의 규칙들을 부과하는 것이다. 그리고 정치-역사적인 대안적 주체가 존재하지 않는 것처럼, 프롤레타리아가 존재하지 않는 것처럼, 이러한 부과는 일종의 불가역적인 것, 영원한 것이다. 자본은 존재하는 존재의 밤의 이름이다. 하지만 규칙의 부과는 표면적인 억류에 지나지 않는다. 존재론적으로, 사건들의 장르들이 지닌 측량 불가능성, 일어나고 있는

것의 이종성은 지속될 수밖에 없으며, 강조될 수밖에 없다. 고집스러움은, 아무 말 없이, 그것의 축소를 명령하는 규칙 아래 머무른다.

이러한 모티프는 왜 리오타르에게 정치의 이름이었던 '마르크스주의'가 다른 것들 사이에서 그리고 모든 정치적 위축에도 불구하고, 고집스러움의 경제적 이름으로 머무르는지 또는 머무를 수 있는지를 설명해준다.

이러한 움직임은 이미 『마르크스와 프로이트로부터의 일탈』에서도 윤곽을 드러내고 있다. 여기서 다루어지는 것은 — 나는 여기에 전적으로 동의한다 — 효율성이라는 관료주의적 테마에 대한 비판이다. 리오타르는 강력한 테제를 개진하는데, 그것은 혁명적인 당들과 집단들을 소멸시킨 것이 "변형적인 행위에 부여된 특권"이었다는 것이다. 나의 언어로 말해본다면 이는 다음과 같다. 정치는 권력의 질서에 속하지 않는다. 그것은 사유의 질서에 속한다. 정치는 변형을 목표로 하지 않는다. 그것은 이전에는 정식화될 수 없었던 가능성들의 창조를 목표로 삼는다. 정치는 상황들로부터 추론되지 않는다. 왜냐하면 정치가 바로 이 상황들을 규정해야 하기 때문이다.

그런데 여전히 비판적인 이 토대 위에서 리오타르가 출현시키려는 것은 무엇일까? 그는 이것을 '다른 장치'라고 부르면서, 이것이 자본과 관련해서 "변증법적인 것도 비판적인 것도 아닌, 단지 공존 불가능한 관계 속에" 있는 것이라고 말한다.

이것은 확실히 근대성의 핵심적인 문제다. 부정성의 관계란 무엇인가? 변증법적이지 않은 이타성이란 무엇인가? 비판적이지 않은 공존 불가능성이란 무엇인가? 그리고 그러한 배경에는 두 가지 노선이 있다.

▶ 수식화될 수 있고 무차별적인 다수성의, 술어(述語)를 갖지 않는 공백의, 미분적(微分的)인 부정의 길. 여기서 관계는 순수한 논리적 출현이다. 정치는 자신의 낮의 힘 속에 보존되는데, 왜냐하면 정치는 대체 가능한 다른 어떤 주제도 가지고 있지 않을뿐더러 그것을 전혀 필요로 하지도 않기 때문이다. '프롤레타리아'는 이질적이고 연속적인 독특성들의 이름이다. 리오타르가 서술문과 규정문을 치명적으로 동일시하는 것 또는 사망 서사(Récit défunt)를 역전시켜 보존하는 것을 항상 비판했던 것도, 내가 취하고 있는 것도, 바로 이러한 노선이다.

▶ 다른 노선은 리오타르와 들뢰즈의 원리들에 공통된 것으로서, 부정성도 없고 비(非)변증법적인 이타성도 없는 관계인데, 이 관계는 베르그송의 생명 또는 질적 지속이라는 장치로부터 차용한 것이다. "혁명적인 것이 될 수 있는 낱말들, 실천들, 형식들에 대한 지각과 생산이 존재한다. 하지만 그러한 것들이 모든 가시적인 장치들을 대체할 그리고 작용 가능성 자체의 관념을 변화시킬 거대한 조류들, 거대한 **본능**(Triebe), 주요한 흐름들을 따라서 일탈할 수 있을 만큼 충분히 민감한지 그렇지 않은지는 보장할 수 없다." 우리가 알고 있는 것처럼, 일탈은 흐름의 질적인 압력을 전제로 한다.

그럼에도 불구하고 일탈이 공리적인 노선을 취하는 것과 생기론적인 노선을 취하는 것 사이의 차이는 단지 부정성에 호소하지 않는 관계를 사유하거나 어떤 척도의 초월성도 갖지 않는 측정 불가능한 것을 사유하는 것으로 나누어질 뿐이다. 밤이 지니는 아침의 특징은, 즉 사유가 수호해야 하는 것은 '공존 가능한' 다수들이 존재한다는 것이다. 그렇지만 리오타르가 일탈의 목적으로 제시한 공식에 따르면, 그것은 '함께-사유할 수 없다'(incopensables).

그러므로 다수가 존재한다. 그리고 측정 불가능한 것과 고집스러운 것이 존재한다. 따라서 내가 이 지점에서 다시 연결하려는 텍스트의 마지막인 해체의 모티프로 되돌아가보면 "이 억압은 이해하는 것으로도, 그것의 철학자가 되는 것으로도 충분치 않고, 더 나아가 파괴해야 한다."

이 지점에 머물러보도록 하자. 잘못 혹은 억압에 대해 요구할 수 있는 것과 철학을 구분하는 것은 말하자면 '파괴하다'(détruire)이다. '더 나아가 파괴하다'는 철학적인 이해를 초과하는 것이다. 그리고 만약 이 '파괴하다'가 '정치적' 이름을 갖지 않거나 더 이상 갖지 않게 된다면, 무엇이 그것 또는 그것들의 이름이란 말인가? 우리가 머무는 밤 속에서 누가 밤을 마모시키고 파괴하면서 아침의 수호자 역할을 맡고 있는가? 누가 정치를 진부하게 만들고 말소하는가? 근본적으로 리오타르의 관점에서는 오직 한 가지 질문만이 존재한다. **색채**란 무엇이고, 어디에 있으며, 어떻게 발생하는가?

이 질문을 격리하기 위해서는, 이른 아침부터 그림자의 단일성에서 벗어나야 한다. 단일성은 자본과 관료주의가 가지는 공통의 이름들이다. 벗어남은 그것의 파괴를 의미한다. 이 벗어남은 개인적이면서 동시에 집단적인, 거의 망각된 기나긴 역사이며, 여기서 리오타르의 모든 사유는 그것에 대한 기록이고 대차대조표이며 개념적인 거래명세서다.

그렇다. 나는 이 자리에서 그의 언어로 **형상**이라 불리는 것에 감사를 표하고 싶다. 자신의 완고하고 치밀한 사유를, 급진적인 비판을 공장과 지시적 연관을 갖는 조직화된 실천에 결합하는 일보다 더 중요한 것은 없었던 리오타르라는 형상. 앞서 말했던, 사랑의 의무로부터 나오는 모든 예외 때문에, 나는 이 자리에서 르노-빌랑쿠르(Renault-Billancourt)[3]의 리오타르에게 찬사를 바치고 싶다. 우리 가운데 과연 몇 명이 철학을 한 주도 아니고 3년도 아닌 15년 동안 혹은 그 이상의 기간 동안 꾸준히 이른 아침마다 몇몇 노동자들과 회합을 가질 만큼 생기 있고 사려 깊은 강도로 평가하는가? 우리 가운데 과연 몇 명이 리오타르가 1989년에도 여전히 "이론적이면서 동시에 실천적인 마르크스적 비판을 현실에 대한 극단적인 결과들로까지 밀어붙이는 관점을 가지고 다시 모인 이 몇 명의 활동가들, 공장노동자들, 고용인들, 지식인들"이라고 말했던 것과 같은 그런 것을 자유롭고 대담하게 말할 수 있는가?

그리고 이것이 아마도 그가 형상이라고 불렀던 것과 도처에서 이미지라고 불리는 것을 구분하는 방법들 가운데 하나일 것이다.

사르트르가 르노-빌랑쿠르의 문 앞에 세워둔 술통 위로 올라갔을

---

3 르노 자동차의 본사를 비롯해 프랑스의 주요 산업 공장들이 들어선 파리 외곽의 공장 지대.

때, 그것은 베니 레비[4]와 프롤레타리아 좌파에 의해 조작된 하나의 이미지였다. 그것은 전파될 수 있고 미디어로 활용 가능한 이미지를 생산하기 위한 의도적인 술책이었다. 그것은 인기를 얻기 위한 활약이었다. 몇 해 동안이나 사유와 행동이 '공장'이라는 장소를 제시하는 데 집중하던 그때, 아침의 파수꾼이 존재하고 있던 그때, 여기에는 이미지도 없고 어떤 매체도 포착할 수 없는 한 인물이 있었다. "이 모임은 노동자들이 자유롭게 말할 수 있도록 자신을 지워내는 금욕적인 태도를 존중했다"라고 당시에 대해 어떤 허세도 없이 리오타르가 말한 것은 당연한 일이었다.

내가 존경을 표하고 싶은 점이 바로 이것이다. 철학자의 아침은 공장에 있을 수 있다. 계급의, 전위부대의 또는 인민 자신의 무겁고 실질적인 의미가 아니라 그와 반대인 궤도의 가벼움, 빛의 완고함, 일탈, 출발, 비변증법적인 이타성과 무비판적 관계의 의미를 지닌 철학자의 아침. 요컨대, 창조로서의 정치, 무엇보다 일어날 법하지 않은 장소들에 대한, 지각 불가능한 결합들의 장소들에 대한 창조로서의 정치.

---

4 Benny Lévy, 1945~2003: 1966년부터 마르크스-레닌주의 청년 공산주의자 연맹에서 마오주의자로 활약했으나, 1970년 이후로는 에마뉘엘 레비나스(Emmanuel Levinas, 1906~95)의 유대철학으로 관심을 바꾸면서 마르크스-레닌주의를 혹독하게 비판하는 신철학의 기수가 되었다. 1974년부터 1980년까지 사르트르의 마지막 개인 비서였으며, 고령으로 판단력이 흐려진 사르트르를 이용해 자신의 존재를 미디어에 부각했다는 비판을 받았다. 사르트르가 작고하던 마지막 해에는 자신과 단독 인터뷰를 진행하면서 사르트르가 평생에 걸친 자신의 철학을 부정하고 메시아적인 유대주의를 인정했다고 주장해 시몬 드 보부아르(Simone de Beauvoir, 1908~86)를 비롯한 많은 사람들로부터 맹렬한 비판을 받았다. 1997년에는 이스라엘로 이주해 알랭 핑켈크로트(Alain Finkielkraut), 앙리 레비와 함께 예루살렘에 레비나스 연구소를 설립했다.

"극단적인 결과들로까지"라고 리오타르는 말했다. 현재의 여론에서 얼마나 극단적인 것으로 평가되든 결과를 붙들고 있겠다는 이 원칙은 철학적으로 중요하다. 내가 보기에 그것은 평범한 누군가의 진리의 법칙 자체다. 왜냐하면 모든 진리는 극단적인 결과들로 짜이는 것이기 때문이다. 극단주의자들에게만 진리가 있다.

리오타르는 결과들의 극단으로 가기 위해 무수한 단절들을 견뎌야 했다. 이러한 배경에는 1930년대의 스탈린적 테러리즘에 대한 레온 트로츠키(Leon Trotsky)의 명백한 단절이 있다. 그리고 전쟁 이후에는 이 단절에 대한 단절이 있는데, 왜냐하면 그가 우리에게 상기시킨 것처럼, 트로츠키주의는 "공산주의라 불리는 사회에서의 계급의 본질을 규정할 수 없기" 때문이다. 그래서 1954년에 그는 '사회주의냐 야만이냐'라는 그룹에 가입한다. 1958년에는 클로드 르포르[5]의 탈퇴 전후로 어려움을 겪는다. 1960년대부터는 고집스러움의 포괄적이면서도 운명적인 이름으로서의 정치에 대해 최초의 의심이 자라나기 시작한다.

프롤레타리아에게 벌어진 것이 "개별적인 잘못이 아니라 자신 안에 내재한 잘못"이라는 점은 여전히 사실이다. 하지만 오늘날의 활동들과 이념들에 대한 심층적인 분석이 제기하는 문제는 혁명적인 기획이

---

5 Claude Lefort, 1924~2010: 고등학교 재학 시절 모리스 메를로-퐁티로부터 레온 트로츠키의 사상을 소개받은 후 트로츠키 국제공산당의 활동가로 활약했으며, 마키아벨리와 라캉의 정신분석을 결합한 정치철학자로도 유명하다. 1948년에 코르넬리우스 카스토리아디스와 자유주의적 사회주의 그룹인 '사회주의냐 야만이냐'를 만들었지만, 마르크스주의를 전체주의적으로 해석하는 경향에 반기를 들고 1958년에 탈퇴했다. 이후 반(反)전체주의적 민주주의의 가능성을 모색하는 연구를 펼쳤다.

앞으로 어떤 방법들로 경험될 수 있고 조직될 수 있으며 투쟁해 나갈 수 있는지 알아내는 것이다.

정치의 특정 이념은 이 사회에서 사멸했다. 실직한 기회주의 정치인들이 부르짖는 체제의 '민주화'도 '거대한 통합 사회당'의 창당도 — 이것은 '좌파'의 찌꺼기들만을 재집결하게 될 것이다 — 이 이념에 생기를 되돌려줄 수 없다는 것은 확실하다. 이것들은 모두 관점을 결여하고 있으며, 위기의 실제적 중요성에 비하면 아주 하찮은 것에 지나지 않는다. 혁명가들이 혁명을 만들어내기 위해 착수할 때가 바로 지금이다.

여기서 우리는 측정 불가능한 것이 발생하는 적당한 때란 존재하지 않는다는 것을 알 수 있다.

1964년에는 코르넬리우스 카스토리아디스[6]를 한 축으로, 리오타르가 관여한 단체 '노동자의 힘'(Pouvoir ouvrier)을 다른 한 축으로 서로에 대한 의심들이 증폭되었고 거대한 분열이 있었다.

그리고 1966년에는 '노동자의 힘'에서의 탈퇴와 친구이자 공동 설립자인 수이리와의 결별이 있었다. 1968년에는 리오타르에게 프롤

---

6 Cornelius Castoriadis, 1922~97: 그리스 출신의 철학자, 사회비평가, 경제학자로 트로츠키 국제공산당에서 1948년까지 활동하다 결별하고 1949년에는 클로드 르포르와 '사회주의냐 야만이냐' 그룹을 공동 창설했다. 1950년대에는 소련이 공산주의가 아닌 관료주의 국가라는 비판을 제기하면서 좌파 지식인들에게 많은 영향을 주었다. 1972년에 프랑스로 귀화하기 전까지 피에르 쇼리외, 폴 카르당 등의 가명으로 집필 활동을 했다. 상상력을 사회와 역사를 형성하는 원동력으로 간주하는 독자적인 철학을 펼쳤다.

레타리아가 기껏해야 둔중한 후위대일 뿐이고, 가정된 주체는 무정형(無定形)이며 역사는 유동적이라는 것에 대한 확신이 생긴다. 「혁명 욕망」(Désirévolution)이라는 글은 이를 다음과 같이 시적으로 말하고 있다.

하지만 우리가 돌을 던지는 이 텅 빔, 지시적인 것의 부재, 모색하는 밤, **부재하는 의미의 폭력**(Violence du sens absent), 모든 제도 너머로 던져지고 파헤쳐진 물음이 바로 역사 자체의 본질이다. 부정성은 그 것을 억압하거나 재현하는 것에 도전한다. 이러한 몸짓 덕분에 오늘 혹은 내일의 것이 될지도 모르는 정치적 낙원에 대한 경건한 담론은 덧없음으로 추락한다. 그런데도 그들은 이것을 보지 못했다. 시작되고 있는 것은 필연적인 과정을 따라서 다른 체제나 다른 시스템으로 인도해가는 위기가 아니다. 자본주의의 본질이 자신의 타자를 자신 안에 가지고 있다는 점에서 그리고 그것을 회수하려 한다는 점에서 욕망된 타자는 자본주의의 타자가 될 수 없다. 공공연하게 욕망되어왔으며 욕망되고 있고 앞으로도 욕망될 이 타자는 전사(前史)의 타자다. 우리는 이 전사 속에, **글로 쓰인 타락한 울부짖음**, 선술집의 이미지들, 위로의 음악, 금지된 또는 특허받은 발명, 일과 여가 두 갈래로 산산조각 난 놀이, 과학에 대한 분열증적 지식, 섹스에 대한 사랑이라는 쇠사슬들 속에 있다. 자신의 한복판에 정치를 향한 그리스적 눈을 갖고 있는 사회의 열린 눈은 기껏해야 모래를 채우는 데 사용된다. 여기서 고지되고 있는 것은 역사의 시작, 눈의 열림이다. 그러나 그들은 이것을 보지 못한다.

104

이는 다음과 같은 질문으로도 번역될 수 있다. 색채는 어디에 있는 가? 이것은 전형적인 아침의 질문이다. 눈의 열림이란 무엇인가? 사유 에 대한 눈의 열림? 기껏해야 순간적인 반짝임에 지나지 않는 깜박임. 기껏해야 구름에 지나지 않는 사유. 그가 말한 것은 다음과 같다. 들어 보자.

사유는 대지의 열매가 아니다. 그것들은 인간의 편의를 위해서가 아 니라면 거대한 토지대장 속의 구역들에 기입되지 않는다. 사유들은 구 름들이다. 그리고 구름의 둘레는 정확하게 측정될 수 있는 것이 아니다.

구름에 대한 눈의 열림, 이것은 두 가지 가역적인 운동들의 조합 이다. 하나는 열림/닫힘의 깜박임이다. 또 하나는 형상적인 전치(轉置) 다. 리오타르는 가역성의 지점을 찾아내는 것을 결코 포기하려 하지 않 는데, 이 지점은 동시적인 것으로 출현한다. 그리고 거기에서 눈은 가장 일어날 법하지 않은 구름의 형상을 향해서 열린다.

이렇게도 말할 수 있다. 사유한다는 것은 외적인 분쟁과 내적인 분 쟁의 조화되지 않는 중첩이다. 구름도 눈도 서로에 대해서뿐만 아니라 각기 그 자신에서도 조화를 이루지 못한다. 형상의 변화는 무한히 계속 되지만 그럼에도 열림은, 부정적인 방식으로도 전혀, 닫힘으로부터 발 생되지 않는다. 우리가 파악해야 하는 것이 바로 이 비변증법적인 지 점, 즉 깜박임, 전치 그리고 마지막으로 고집스러움의 사건과 전치의 일 치를 초과하는 깜박임이다. 하나의 기적. 결국 사유는 기적에 다름 아니며, 이러한 점은 리오타르가 다른 무엇보다 왜 점점 더 예술의 독특성 속에서 사유의 저장고를 보게 되었는지를 알려준다. 회화, 보다 정확히는 형상적 회화, 바로 거기에서 형상적인 것은 회화적인 것에 맞서서 투쟁한다.

하지만 이 점을 되풀이해야 한다. '마르크스주의'라는 단어 자체는 여전히 비변증법적인 지점, 즉 가역적인 것을 명명할 수 있다. 『편력들』 (*Pérégrinations*)의 맨 마지막 구절을 들어보자.

따라서 마르크스주의는 두 가지 의미에서 분열적 실천에 대한 비판적 지성이다. 그것은 역사적 현실 속에서 '바깥의' 분열을 선언한다. 분쟁으로서의 그것의 '내부' 분열은 이 선언이 최종적인 보편적 사실이 되는 것을 막는다. 이런 점에서 그것은 반박에 종속되지 않는다. 그것은 반박을 가능하게 하는 장(場)의 배치다.

두 가지 방향들로 나아가는 실천, 따라서 방향을 잃은 실천. 리오타르에 따르면, 철학자가 결국 프롤레타리아 서사와 멀어지게 되었을 때, 그가 기대고자 찾는 지지대가 바로 이것이다.

그리고 아마도 우리의 분쟁은 다음과 같은 점들과 관련되어 있을 것이다. 나는 기적과 반대되는 과정에, 형상들과 반대되는 진리에, 언어나 권리와 반대되는 수학적인 것에, 도래할 것과 반대되는 결단에, 가역적인 것과 반대되는 방향성에, 역사의 주체가 존재하는 장소로서의 공장과 반대되는 정치적 장소로서의 공장에 더 많은 관심을 두고 있다. 어

106

쩌면 그는 내가 형상적이지 않고 회화적이라고 말할지도 모른다. 약간은 두껍고, 충분히 휘발되지 않은 회화라고. 여전히 근대적인 회화라고.

우리는 오랜 시간을 상당히 껄끄러운 관계로 지내왔다. 1968년 이후의 사태들은 폭력적이고 다채롭고 힘들었다. 리오타르는 마오주의를 경멸했는데, 우리가 취한 행동들은 바로 그것에서 강렬하게 영감을 받은 것들이었다. 그러니 생각해보라. 1958년부터 '사회주의냐 야만이냐' 그룹은 수이리가 제목을 붙인『관료주의적 중국에서의 계급투쟁』 (*La lutte des classes en Chine bureaucratique*)이라는 거대한 논문을 출판했다. 준엄한 마르크스주의의 관점에서 마오주의의 기만을 증명하는 것은 리오타르와 그의 친구들의 전공 분야였다. 그렇다고 그것이 사태를 용이하게 해주는 것은 아니었다. 정말이다. 게다가 우리가 갖고 있던 생각들 가운데 그와 일치하는 핵심 기표조차도, 대중 전선, 대중행동, 대중민주주의 안에 주어진 '대중'(masses)이라는 기표조차도 그는 거의 신뢰하지 않았다. 1972년 10월에 그는 이렇게 썼다.

'대중'이 무엇을 욕망하는지 우리가 알고 있다고 말해서는 안 된다. 누구도 그것을 알지 못하며, 그들 자신도 마찬가지다. 만일 당신이 대중의 욕망에 봉사하는 하인이 되겠다면, 당신이 안다고 가정한 지식에 맞추어 행동하겠다면 그리고 그들의 방향을 취하겠다면, 결국 어떤 것도 변화되지 않을 것이다.

그렇다. 우리 사이에는 정치적 심연이 놓여 있다. 그에게 정치는 고집스러움이 발현하는 특권적 장소 같은 것으로 후퇴한다. 반면 나에게 정치는 사건적인 독특성들의 연속을 추론할 수 있는 하나의 진리 공정이기 때문에, 그것은 그러한 상태로 머물러 있으며 공장도 그것과 함께 머무른다. 그 결과 우리 사이에는 저 멀리서 미소짓고 아직 탐험되지 않은 어떤 평화가, 그가 자신의 헌사들에서 '애정'이라고 불렀던 것이 가능했다. 우리의 농부 조상들은 오트-루아르의 고원 위에 있는 같은 외딴 마을에서 왔다는 것을 말해야겠다. 그 마을은 무데이레 (Moudeyres)라 불린다. 무데이레의 묘지에는 죽음에 의해서라기보다는 깊이를 알 수 없는 시간의 두께에 의해서 화해한 바디우 가문의 사람들과 리오타르 가문의 사람들 말고는 거의 없다.

오늘 나는 우리의 분쟁을 매우 제한적이고 개략적인 방식으로 검토하려고 한다. 그렇다고 그것이 이 분쟁의 중요성을 약화시키기보다는 오히려 그 반대가 될 것이다. 언제나처럼, 들뢰즈의 경우와 마찬가지로, 핵심적인 것은 내재성과 초월성이다. 리오타르가 『분쟁』에서 밝혔던 철학의 주요한 책무에 대한 결정적인 진술은 다음과 같다. "한 문장에서 다음 문장으로 이행하는 작업의 일반적인 형식을 만들어내는 문장은 이행 작업의 이러한 형식에 그 스스로가 종속된다." 헤겔의 모든 반대자들이 그랬던 것처럼, 그 역시 칸트적인 어휘에 애정을 느끼면서 이렇게 말한다. "계열의 종합 역시 계열에 속해 있는 요소다."

글쎄, 그렇지 않다. 나는 그렇게 생각하지 않는다. 여기에는 실재의 초과, 장소-너머(du hors-lieu), 간극이 존재한다. 유감스럽지만 우리는 그것을 초월이라고 부른다. 가장 진부한 예로, 유한한 정수를 만들어

108

내는 종합은 유한한 정수가 아니라 오히려 본질적으로 접근이 불가능한 실체다.[7] 반복되고 연속되는 것들의 내재적 원리는 반복되지도 연속되지도 않는다.

아마도 밤 동안 우리를 구별해주는 전체 요점은 아침의 전(前)미래를 수호하겠다는 승인일 것이다. 여기서 한쪽에는 일탈의 계열적 논리가 있으며, 다른 쪽에는 초과 지점의 국지화가 있다. 한쪽에는 유년기의 유한한 고집스러움이 있으며, 다른 쪽에는 타자를 예외로 만들어주는 것을 향한 고양되고 변함없는 투사가 존재한다.

궁극적으로 이것은 무한에 대한 분쟁이라고 나는 생각한다. 또는 무한과 유한의 상관관계에 대한 분쟁이라고. 이 점에서 내가 리오타르보다 헤겔에게 조금 덜 적대적이며, 또한 칸트와 법(法)의 모티프를 인정하는 것도 훨씬 덜 지지한다는 것을 알 수 있을 것이다. 그리고 이러한 열정은 결국 리오타르가 썼던 것처럼 "더할 나위 없이 고통스러운 기쁨"이라 할 수 있다.

무한의 본질에 대한, 하지만 사실상 그것의 용도는 건드리지 않는 분쟁. 어쨌든 중요한 것은 무한의 이름으로 다수의 존재론적 주권을 획득하는 일이다. 리오타르는 『분쟁』에서 인간의 권리라는 관념을 거부한다. '권리'도 '인간'도 적절하지 않다고 그는 매우 정확하게 언급한다.

---

7 바디우는 니체의 신의 죽음이라는 테마가 오늘날까지 미완성으로 남겨져 있다고 평가하고, 초월에 관한 사유가 남아 있는 무한이나 일자에 대한 탈신성화 혹은 세속화 작업을 시도해왔다. 바디우는 유한한 정수인 자연수에 대해 셀 수 있는 무한이라고 정리한 칸토르의 수학 이론을 철학과 결합하면서, 무한과 일자를 사유 가능한 다수성의 형태로 만드는 동시에 유한을 무한으로부터 도출되는 수학적 개념으로 파악한다.

또한 분명하게 그는 '타자의 권리'라고 더 나은 것은 결코 아니라고 주장한다. 그리고 마침내는 나를 고개 숙이게 만든 놀라운 표현, '무한의 권위'를 제시한다.

그렇다. 오늘 나는 다음과 같은 합의로 결론을 맺고자 한다. 무한의 권위 아래 있는 이 철학적 친교는 그것에 길을 내고 해체할 것을 요구하며, 철학적이지 않을 것을 요구한다. 이것이 모든 사유에 요구되는 의무이지만, 그것을 충족시키는 사유는 거의 없다. 나의 표현으로, 선(先)결정(décision antérieure)이라는 것이 있다. 그리고 그의 표현으로는 정동(情動)이라는 것이 있다. 『분쟁』에서 그는 이렇게 썼다. "마르크스주의는 분쟁에 대한 감각 같은 것으로서, 결코 완결되지 않는다." 말하자면 정치는 초과적인 결정 같은 것으로 남아 있다. 그리고 랭보가 '장소와 공식'(le lieu at la formule)에서 바랐던 것처럼[8] 우리는 리오타르와 애정 어린 분쟁을 벌이려 한다.

---

8 랭보의 후기 시집 『일뤼미나시옹』(Illumination)에 수록된 시 「방랑자들」의 마지막 구절에 등장하는 표현으로 관련 문맥은 이렇다. "사실 나는, 영혼에서 우러난 진심을 담아, 그를 태양의 아들이라는 원초적 상태로 되돌려보내리라는 약속을 했다 ― 그래서 우리는 동굴들의 포도주와 길거리의 과자 조각으로 연명하면서 방랑을 했고, 나는 장소와 공식을 찾으려고 조급해했다."

8
질 들뢰즈
Gilles Deleuze, 1925~95

　작고한 지 10년 이상이 흘렀음에도 그가 우리와 동시대인인 이유
는 무엇인가? 그러면서 동시에 지금까지도 여전히 그토록 드문 존재로
여겨질 만큼 시대와 어긋나는 미래의 동시대인인 이유는 무엇인가? 마
치 아주 예전부터 경건한 현상학자들과 민주적인 문법학자들 사이의
언쟁에 영혼을 몰두하고 있었던 것 같은, 이제는 우리의 강의실에서 승
리를 구가하게 된 그는 20세기의 대차대조표를 작성하는 아카데미의
눈으로 볼 때 확실히 '근대적'이지 않다. 현상학에 대해 말하면서 에릭
알리에즈(Éric Alliez)가 들뢰즈의 가장 일관된 ― 그러면서 또한 가장
어려운 ― 기획이 우리가 근대성으로부터 탈출할 수 있음을 증명하는
일이었다고 말한 것은 매우 옳았다. 그리고 우리는 그래야만 하는데, 왜
냐하면 들뢰즈의 표현에 따르면, 그것이 "그토록 많은 사물들을 축성했
기" 때문이다. 분석철학과 '언어적 전회'에 그는 흔치 않은 혐오감을 품

고 있었는데, 이는 빈(Wien)의 특공대 무리가 랠프 월도 에머슨(Ralph Waldo Emerson)과 헨리 데이비드 소로(Henry David Thoreau), 윌리엄 제임스(William James)의 미국적인 풍부한 사유를 적어도 대학들의 철학 분과 내에서만큼은 황폐화했다고 평가했기 때문이다. '민주주의'에 대해서는, 반복하는 것이 지겹지 않다면, 과감하고 정확한 선언을 내놓았는데, 들뢰즈에 따르면 철학의 주요한 특징 가운데 하나는 그것이 정말로 '논쟁'이라는 관념 자체를 두려워한다는 것이다.

　　하지만 그것이 반드시 들뢰즈가 근대성에 대한 하이데거적인 기획, 즉 해체라는 작업으로 기울어지는 이 끊임없는 '형이상학의 종언'을 완수했다는 의미는 아니다. 그는 기꺼이 형이상학과 관련해서 자신이 아무런 문제의식도 갖고 있지 않다고 말했다. 들뢰즈를 편리하게 통상적인 계보에 포함시키는 것은 쉽지 않다. 확실히 그는 다른 많은 사람들처럼, 우리 시대가 니체와 함께 시작되었으며 니체가 순응주의에 의해 살해된 진리 관념에 대립하는 의미 관념을 철학에 도입했다는 것 ― 내 생각에 이것이 들뢰즈의 가장 강력한 영감의 원천은 아니다 ― 을 인정했다. 그렇지만 니체의 선조가 '철학의 구세주'라는 세례를 받은 스피노자이고, 그의 프랑스 형제가 베르그송이라는 점은 많은 사람들을 놀라게 한다. 사실을 말하자면, 들뢰즈는 '흥미로운' ― 그는 이 단어를 좋아했다 ― 학설들의 역사를 완전히 독특한 것으로 구성했는데, 그것은 그에게 다음과 같은 사람들을 의미했다. 스토아 철학자들, 루크레티우스(Lucretius), 둔스 스코투스(Duns Scotus), 스피노자와 라이프니츠, 니체, 베르그송, 화이트헤드……. 이런 나열들을 일반화하기는 또는 거기에 공통의 근대성을 지닌다는 낙인을 찍기는 결코 쉽지 않다.

　그런데도 그를, 대서양 저편에서 그를 분류하는 방식처럼 대륙적인 사유의 (포스트모더니즘적인 또는 포스트-포스트모더니즘적인) 대표자들 가운데 한 명이라고 그리고 특히 1960년대 프랑스 철학의 대표자라고 말해야 하는 것일까? 만약 그렇다면 이는 그가 당시의 흐름을 거슬러 가려 했다는 점을 망각한 것이다. 그는 구조주의에 대해, 의미의 원인으로서의 무의미에 대해, '빈칸'(la case vide)의 이론에 대해 설득력 있게 말했다. 그는 죽음과 글쓰기에 대한 모리스 블랑쇼(Maurice Blanchot)의 몇몇 분석들을 공유했지만, 또한 그것을 바로잡기도 했다. 그런데도 그는 블랑쇼 학파에 속하지 않았으며, 10년 후에는 더 말할 나위가 없었다. 그가 라캉과 벌였던 논쟁은 상당히 격렬했는데, 여기에서 그는 — 헛되이도 — 자신의 분열증-분석(schizo-analyse)으로 그에게 맞섰다. 펠릭스 가타리(Félix Guattari)와 함께 우애 있게 엮어낸 그의 '마르크스주의'는 모두 알튀세르의 마르크스주의에 맞서는 것이었다. 하지만 푸코에 대한 존경이 요구하는 깊은 우정만은 분명히 남겨두었다. 이 자리에서 밝힐 시간은 없지만, 그럼에도 나는 이 창조적인 우정이 서로에게 구체적인 독특성이 되어주었던 — 중심적인 — 사유를 완전히 변화시켰다는 점을 감추어서는 안 된다고 말하고 싶다.

　그렇다면 어떻게 들뢰즈를 우리 시대를 위해 소환해야 할까? 반동적인 오명과 맞서 싸우고 있는 우리의 이 전선으로부터 끊임없이 후퇴하는 그와의 모순적인 거리에도 불구하고 그가 우리 곁에 있다는 것이 왜 그렇게 명백한가? 나는 그 근거를 쇠진(衰盡, épuisement) — 그가 좋아하는 또 다른 단어다 ─ 에 대한 증명과 모두 연관되어 있는 다섯 가지 주요한 모티프들로 분산해보고자 한다. 그는 자주 '쇠진'한 상태였으며, 그럴 때마다 허먼 멜빌(Herman Melville)이나 새뮤얼 베케트(Samuel Beckett) 같은 그의 수많은 영웅들이 형제처럼 느껴졌다.

1. 형이상학의 종말, 이데올로기들의 종말, 거대 서사들의 종말, 혁명들의 종말 등 종말에 대한 모든 사유의 쇠진에 대해 들뢰즈는 긍정할 수 있는 것이 아니라면 어떤 것도 '흥미롭지' 않다는 자신감으로 맞섰다. 비판과 한계, 무력함, 목표, 신중함 등 그 어떤 것도 단 한 번의 완전한 긍정만 한 가치를 갖지 못한다.

2. 통일성, 결집, '합의', 공동의 가치라는 모티프들은 사유의 치명적인 피로들일 뿐이다. 가치를 갖는 것은 모든 창조가 그러한 것처럼 확실히 종합적인 것이지만 그럼에도 분리와 이접(離接, disjonction)의 형태 안에 있는 것들이다. 이접적 종합, 그것은 사유하도록 '강제된' 누군가의 실제적인 작동 방식이다. (왜냐하면 우리는 '자유롭게' 사유하는 것이 아니라 압박 속에서, '정신의 자동인형'처럼 사유하기 때문이다.)

3. 시간에 대해, 그것의 덧없음과 주관적인 편재성에 대해 사색하는 것을 멈춰야 한다. '시간의 내밀한 의식'에 대한 모든 현상학을 끝내도록 하자. 왜냐하면 중요한 것은 영원성, 보다 정확히는 사건이라는 이름을 부여받아온 이 시간적인 비시간성이기 때문이다. 삶이 자신의 운을 걸어보는, 그것의 영원회귀와도 같은, 단 한 번의 위대한 '주사위 던지기'.

114

4. 언어의 강박으로부터 벗어나야 한다. 말은 진정으로 중요하다. 하지만 그것은 전적으로 단정적인 경험과 다양한 형태의 상관관계로 붙잡혀 있으며, 구성적인 통사론적 역량을 갖고 있지 않다. 철학을 문법과 또는 규칙들의 목록과 혼동하는 것은 판단착오다. 오래된 유품처럼 사유의 본래 형태가 판단이라는 생각을 버리도록 하라. 무엇보다 판단하지 말라. 그것이 사유에 대한 올바른 한 가지 공리다. 판단의 자리를 비개인적인 경험으로 대체하고, 그것을 '상황을 통해'(par le milieu) 파악되게 하라.

5. 변증법적인 것은 쇠진했다. 우리는 부정적인 것에 맞서서 일어서야 한다. 회귀의 방법을 따라 우리는 1의 지점과 다시 연결된다. 생성들에 대한 무의지적인 순수한 확신을 가지고 어떤 종류의 부정도 없다고 말할 수 있는 것, 즉 일어날 법하지 않은 것에 대한 완전한 긍정을 금욕적으로 찾아내라.

나는 이 모든 귀중한 가르침들 ― 그에게도 나에게도 이것은 귀중한 가르침이지만, 그럼에도 나는 세부적인 것들이나 논거들에는 동의하지 않는다 ― 을 요약한 것이 다음과 같은 단 하나의 부정적인 예단(豫斷)을 포함한다고 기꺼이 말하겠다. '유한성'이라는 낱말에, 인간 피조물의 유한한 운명에 대한 짜증 나게 '겸손한' 선언들 속에 들어 있는 거짓 순수와, 패배와 체념의 도덕과 싸워라, 유한성의 영혼과 싸워라. 그리고 단 하나의 긍정적인 예단은 이렇다. 무한에 대해서만 신뢰하라. 들뢰즈에게 개념은 그것의 실제 구성 요소들이 '무한한 속도로'

질주하는 것이다. 그리고 사유는 카오스적 무한을 향한, '카오스모스' (Chaosmos)를 향한 뜨겁게 타오르는 전시장에 다름 아니다. 그렇다. 내가 앞서 말한 그가 우리와 나란히 서 있는 전선은, 우리가 그를 중요한 동시대인이라고 확증할 수 있는 것은 다음과 같은 점이다. 사유는 자신이 속해 있는 무한에 충실해야 한다. 사유는 가증스러운 유한성의 영혼에 절대 굴복하지 않는다. 우리에게 주어진 단 한 번의 삶을, 순응주의가 우리에게 할당한 한계들에 대한 근심 없이, 고대인들이 '불멸 속에서'라고 말했던 것처럼, 기필코 살아보려 해야 한다. 이렇게도 말할 수 있다. 할 수 있는 한도까지 최대한, 우리 안에 들어 있는, 자신을 초과하는, 그 인간 동물을 표출하라.

9
미셸 푸코
Michel Foucault, 1926~84

사유와 그것의 대상들과 목적들이 변이하는 경계의 철학자. 그리고 니체적인 계보학의 지평 위에서 어떤 순간에는 진리의 몸짓 같은 것이 존재한다고 해석할 만한 지형들(les configurations)을 포착하려고 시도한 철학자.

지식인, 이와 반대되는 사람들에 대해 그는 구역질이라는 단어를 부여했다.

학파도 없고, 주변 사람도 없는, 자주 침묵에 잠기는 고독한 대가의 형상.

유머와 겸손이 풍부한, 필요할 때면 엄청난 이성적 폭력조차 불사하는, 탁월함이라는 표현에 들어맞는 학자.

그의 보이지 않는 스승은 언제나 캉길렘이었다. 그에게서 우리는 고된 작업과 자료에 의해 뒷받침된 근거, 중단의 동일한 취미를 알아볼 수 있으며, 시간적 엄밀성만큼이나 결코 놓치지 않는 관찰력은 그의 윤리적 규칙이었다.

빠르면서도 곡선의 형태를 띤 글씨체는 곧바로 철회되어버릴 것 같은 이미지를 떠올리게 만들었다.

기품 있는 그의 편지들은 도서관이나 수집 단체들, 기록 보관소에 보낼 만한 것들임을 의심할 수 없었다.

불시에 방문하는 재능 그리고 갑자기 사라져버리는 능력. 과시라고는 전혀 없는, 지하철의, 군중의, 누군가를 위한 교육의, 자신의 이름 아래 숨은 익명의 영광의 인간.

단독적인 동기들을 지지했던 행동가 ─ 모든 동기들은 단독적이다 ─ 그리고 거리와 선언의 인간. 감옥의 따분함과 강단의 위엄 사이의 언제나 수락 가능한 동맹.

간단히 말하면, 우리가 그의 책을 읽었든 그렇지 않든, 적게 읽었든 많이 읽었든, 동의를 하든 그렇지 않든, 그의 위상이 추락했던 그 시기 동안에도 여기에는 천박함을 거부하는 방벽이 있었다. 학문 내에서도, 제도 안에서도 이제 그런 사람들은 많이 남아 있지 않다. 그래서 우리는 이제 조금 더 천박함에 노출되고 있으며, 조금 더 취약해지고 있다.

철학자들의 세대에게 위험은 전쟁과 레지스탕스였다. 우리는 그로 인해 카바예스와 로트만을 잃었다. 푸코의 위험은 단지 보편적인 것을 주장하는 모든 것들의 언제나 다시 시작되는, 은총 없는, 질식 상태의 세계였다.

그는 ─ 이 은인은 ─ 세계와 동일한 선상에 있었다. 요즘 나는 가

슴을 파고드는 불안과 함께, 타락했기 때문에 결국에는 굴복하고 마는 모든 것에 맞서 그가 저 멀리서 단호하게 제방을 쌓은 그런 사람이었음을 새삼 느끼고 있다. 그는 주체가 자기와 정당한 관계를 맺을 수 있는지 알고자 하는 데 관심을 갖고 있었다. 그래서 [프랑스인] 특유의 민족적인 성향을 따라 그의 가장 섬세한 앎의 태도들은 윤리학에 종속되게 된다.

우리는 푸코의 합리주의에 대해 말해야 하며, 그것의 수축과 이완을 드러내 보여야 한다. 또한 자신의 건축물들의 세부 사항에 대한 신뢰가 아무리 크더라도 앎의 장치들에 대한 야심과 보편성을 양보할 만큼 결정적이지는 않다는 것을 덧붙여야 한다.

"근대적 지식인이란 무엇인가"라는 남겨진 논의는 죽음이라는 구실로 푸코를 비실존의 푸코로 대체하는 상황에서는 성립될 수 없다. 그를 전문가들의 한정된 진지함에, 미테랑 내각이나 일간지들의 싸구려 상품들에 편입시키는 것이 무슨 의미가 있는가?

그가 사르트르와 대립했을 때, 그것은 학자로서의 실습이었다.

물론 우리 모두 현상학과 의식 이론, 심리주의의 최근의 변형태들과 단절하고 있지만, 그 역시 그것들에 대해서는 어떤 관여도 하지 않았다. 그의 스승 캉길렘이 과학 또는 의학이라는 엄격하게 제한된 영역들 속에서 확고한 지배력을 유지하고 있는 것에 대해 푸코는 인문학과 역사학 또는 인류학을 일으켜 세우려는 것으로 여겨지는 시도로 응수했다. 임상의학, 광인, 화폐, 언어학, 식물학, 형무소 시스템, 섹슈얼리티……. 하지만 그러한 시도는 역사학도, 인류학도, 인문학도 아니었다.

그것은 분리되어 있던 대상들과 텍스트들을 철학으로, 순수한 사유로 병합하려는 몸짓이었다. 설사 이러한 푸코의 몸짓이 우리에게 불완전한 것처럼 또는 따라잡기 힘든 것처럼 보일지라도, 오늘 우리는 이 병합된 영토들을 장악하고 있다.

또한 한 걸음 물러나서 보면, 우리는 그가 비판적인 이성론자들이자 정치적 증인들이고 다양한 형태의 호기심을 갖고 있는 사람들이면서 문필가들이었던, 18세기의 유산인, 프랑스 지식인의 특징을 충실하게 — 모든 본원적인 충실함은 단절이다 — 구현한 사람이라는 것을 알 수 있다. 푸코 이전에는 사르트르가 이 유산에 대한 근대적 이름이었다. 이민 노동자들의 살인과 추방에 맞선 시대적 정의는 사르트르와 푸코를 파리 18구의 구트 도르[1]에 함께 모아놓았다. 이 사진[2]의 가치를 능가하는 것은 아마 없을 것이다.

최근 몇 년간 극장에서 우연히 마주친 것을 제외하고 나는 그를 만난 적이 없다. 어쨌든 그곳은 그러한 마주침을 위한 적절한 장소였다.

---

1 Goutte d'Or: 황금 구슬이라는 뜻의 파리 18구의 거리로, 아랍계 노동자들을 비롯한 제3세계 이민 노동자들의 밀집 주거지다. 1971년 10월에 알제리 출신의 15세 소년 젤랄리 벤 알리(Djellali Ben Ali)가 자신이 사는 건물 수위에게 살해당하는 사건이 벌어진다. 이를 계기로 인종차별에 항의하는 대규모 이민자들의 시위가 구트 도르 거리를 중심으로 확산되고 연일 경찰과의 대치가 이어진다. 소설가이자 영화감독이었던 장 주네(Jean Genet)의 주선으로 푸코와 사르트르는 이 시위 현장에 함께 모습을 드러내 시위 참가자들을 격려한다. 당시 많은 지식인들과 프롤레타리아 좌파의 적극적인 가담으로 젤랄리 사건은 인종차별에 대한 정치적 경각심과 함께 이를 조사하고 상시적으로 감시하는 사무소 설치를 이끌어내게 된다.

2 121쪽 사진: 사르트르와 푸코가 구트 도르 거리에서 나란히 시위에 참가하고 있다.(위) 전단지를 들고 있는 사람이 사르트르이며, 그 왼쪽이 푸코다.(아래)

우리는 온갖 재현으로부터의 유쾌한 이탈을 지속하기 위해 그곳에 간
다. 오늘날 연극이 우리에게 앗아가버린 것이 바로 그것이다. 푸코는,
이 분야와 관련해, 문학이 우리를 호위하고 있다는 것을 아주 잘 알고

있었는데, 레이몽 루셀(Raymond Roussel)에 대한 독해와 그가 쓰려고 했던 비평이 그 증거다.

그렇지만 앙가주망과 그것의 일반적 가치에 대한 질문을 푸코에게서는 찾을 수 없다고 누구도 말해서는 안 된다. 푸코의 명백한 실수들조차 우리에게는 정반대의 것들을 가르쳐준다. 이란에 대한 그의 주장은[3] — 이로 인해 그는 비싼 대가를 치러야 했다 — 역사를 집합적 진리의 다른 체제가 출현한 것으로 읽어내려는 그의 욕구를 증명한다.

사람들이 이러저러한 것들을 읽고 주장하는 것들과 다르게 그가 확신하고 있었던 것은 분명히 보편적인 것이며, 그가 전달하려 했던 것은 우리가 세계를 변화시키려 하는 만큼 우리 자신을 변화시키려 해야 한다는 것과 관련되어 있다.

우리가 푸코에게 돌려야 마땅한 존경은 이제 그의 마지막 저작을 읽는 것이고, 그가 살아 있을 때와 똑같은 엄밀함을 가지고 그것에 대해 말하는 것이다.

나는 이미 개인적으로 성(性)의 지배에 관한 그리스-라틴적인 계보학을 추적하는 그의 시도가 제시하고 있는 것에 사로잡혔고 감동을 받았다. 거기서 푸코는 **주체**의 범주를 다시 도입했으며, 게다가 특히 다음과 같이 표명하기도 했다(1984년 5월 29일에 했던 인터뷰로서, 6월 28

---

3 푸코는 이탈리아 한 일간지의 권유로 1978년 8월과 11월에 이란의 혁명 현장을 방문하고 이슬람 지도자 가운데 한 명인 샤리아트마다리(Shariatmadari)를 만난다. 이 경험을 통해 푸코는 근대국가의 통치성과는 다른 형태의 대안적인 통치성을 이슬람이라는 종교 집단에서 발견하게 된다. 하지만 이러한 푸코의 생각은 이슬람 혁명이 호메이니의 철권통치로 종결되면서 상당한 비난을 받게 된다.

일자 『레 누벨』 *Les Nouvelles*에 실렸다). "우리가 주체의 구조를 획득하는 그러한 과정을 나는 주체화라고 부르고자 합니다."

우리가 푸코에게서 포착할 수 있는 유일한 순응주의 — 거의 모든 저명한 프랑스 철학자들이 확립하고 유지 · 보존하고 있는 순응주의 — 는, 적어도 그의 이론적인 글들에서만큼은, 라캉을 회피했다는 점이다.

자신의 부단한 엄격함을 통해서 사유를 이끌었던 그런 징후로 볼 때, 나는 푸코가 언젠가는 — 우리 시대의 철학이 누리게 될 일반적인 혜택을 위해 — 다른 모든 사람들처럼 이러한 순응주의로부터 벗어나려 했을 것이라고 해석한다.

왜냐하면 그가 염려한 것은 오직 내밀하고 비약적이고 유쾌하고 집요하고 과학으로 무장한 자신의 확신을 증명하는 것뿐이었기 때문이다.

10
자크 데리다
Jacques Derrida, 1930~2004

친애하는 프레데릭 보름스의 표현을 빌리자면 프랑스에는 1960년대의 철학적 시기라는 것이 있었다. 이를 망각하려는 기획을 시도하는 이들조차 그러한 시기가 있었음을 알고 있다. 이 시기는 알제리 전쟁이 끝난 후부터 1968년에서 1976년까지 이어진 혁명적인 소요가 일어나기 전까지, 즉 1962년부터 1968년 사이의 강렬했던 5년 남짓한 기간을 넘지 않는다. 잠시 동안이었지만, 그렇다, 정말로 섬광과도 같은 것이었다. 데리다의 죽음과 함께 이제 우리는 이 시기와 동일시되었던 철학의 세대가 거의 완전히 사라져버렸다고 말할 수 있을 것이다. 단한 명의 냉정하고 영예로운 노인, 은퇴한 후견인만이 남아 있을 뿐이다. 레비-스트로스만이 남아 있을 뿐이다.[1]

---

1 레비-스트로스는 2009년 11월 3일 향년 100세로 타계했다.

당시에 내가 느낄 수 있었던 첫 번째 감정은 그다지 고상한 것이 아니었다. 사실 나는 이렇게 혼잣말을 했다. "이제, 우리가 노인이 되었구나."

그래서 우리는…… 우리라니, 누구를? 글쎄, 구체적으로 말해보자면, 우리는 고인이 된 사람들의 직계 제자들을 의미한다. 1962년에서 1968년까지의 시기 동안 우리는 스무 살에서 서른 살 정도였으며, 열정적으로 이 스승들의 강의들을 따라다녔고, 그들이 늙어가고 죽음을 맞게 됨에 따라 이제는 다음 차례로 고물이 되었다. 하지만 이 고물들은 그들과 동일한 자격이 아니었는데, 왜냐하면 그들은 내가 말하는 그 시기의 서명자들이기 때문이다. 반면 오늘날은 확실히 우리 가운데 누구도 서명을 할 만한 자격을 갖고 있지 않다. 그럼에도 이 고물들은 자신들의 젊은 시절을 그러한 스승들의 강의를 듣고 책을 읽고, 밤낮을 가리지 않고 그들의 주장들을 토론하는 데 바쳤다. 누가 뭐라 해도 우리는 예전에 그들의 피난처 안에 있었다. 우리는 그들의 정신적인 보호 속에 있었다. 그들은 더 이상 우리에게 그러한 것들을 제공해주지 않는다. 우리는 더 이상 그들의 목소리가 갖고 있는 위대함의 실재로부터 떨어져 나올 수 없다.

그래서 나는 그렇게도 갑자기 고인이 된 데리다에게 그리고 이를 통해 그들 모두에게 경의를 표하고 싶으며, 그것을 반드시 해야만 하는 의무로 느끼고 있다. 위대한 시기였던 1960년대의, 이제는 고인이 된 모든 서명자들에게.

내가 바쳐야 한다고 생각하는 존경은 철학적인 존경이다. 간극을

126

알리고 그것에 고유한 힘을 부여한 것에 바치는 존경. 이를 위해서 나는 몇 가지 예비 작업들을 선행하려 하는데, 이 자리에서는 지극히 단순한 하나의 형태만을 부여해보려고 한다.

정당한 단순함. 왜냐하면 금방이라도 변화될 것 같은 놀라운 유연성을 가진 데리다의 글쓰기 바로 밑에는 그의 진정한 단순함이, 고집스럽고 변치 않는 단순함이 놓여 있기 때문이다. 그의 사망 이후, 특히 미국의 출판물들에서 곧바로 그에게 맹렬한 공격을 쏟아부은 이유 가운데 하나가 바로 이것으로, '난해한 사상가', '도무지 이해할 수 없는 작가'라는 공격들은 단지 가장 진부하고 반지성적인 모독일 뿐이다.

그런 모욕들에 대해서는 이렇게만 말하고 더는 언급하지 않기로 하자. '텍사스 놈들(texanes)이란!'

우리가 '존재자'(étant) — 하이데거적인 의미에서의 존재자 — 를 다수성이라고 부른다고 그리고 이 존재자의 나타남(apparaître)에, 다시 말해 이 존재자가 규정된 세계 안에서 스스로를 드러낸다고 말할 수 있는 그런 것에 관심을 갖고 있다고 가정해보자. 그리고 이 존재자를 단순히 그것의 존재와 관련해서가 아니라, 다시 말해 유적인 존재, 비결정적인 존재를 구성하는 순수한 다수성과 관련해서가 아니라 탁월한 현상학적 태도를 가지고 거기에 존재하는 것으로, 즉 이 세계 안에서 일어나는 것 또는 규정된 세계의 지평 위에 출현하는 것으로 생각하려 한다고 가정해보자. 그리고 다른 많은 사람들처럼 세계 안에서의 이 존재자의 출현(apparition)을 그것의 **실존(existence)**이라고 부르기로 하자.

존재와 실존의 새로운 (그리고 전적으로 타당한) 구분에 대한 기술적 정교화는 다양한 형태를 취할 수 있으며, 그에 관한 세부 논의는 여기서 다루고자 하는 문제가 아니다. 우리는 그저 단순하게 존재와 현존재의 관계 또는 다수성과 세속적 기입의 관계가 하나의 초월적 관계라고 말할 수 있다. 이는 모든 다수성이 어느 정도의 실존, 어느 정도의 출현을 세계 안에 할당한다고 여겨진다는 데 놓여 있다. 실존한다는 사실은, 그것이 규정된 세계 안에서의 출현인 한, 이 세계 속에서 특정한 정도의 출현과, 즉 출현의 강도와 불가피하게 연관되어 있으며, 우리는 이를 아마도 실존의 강도라고 부를 수 있을 것이다.

이러한 점은 매우 복잡하면서도 아주 중요한 것이며, 게다가 데리다는 이에 관해 상당히 많은 글을 썼고, 우리에게 많은 것을 가르쳐주었다. 하나의 다수성은 서로 다른 다양한 세계들에서 나타날 수 있다. 그것의 하나-존재(être-un)는 다수적으로 존재할 수 있다. 그것이 존재하는 한, 우리는 존재의 편재성이라는 원리를 인정해야 한다. 하나의 다수성은 그래서 여러 가지 세계들 속에서 출현하거나 또는, 같은 말이지만, 존재할 수 있다. 하지만 대개 그것은 다양한 강도로 이 세계들 속에 존재한다. 그것은 어떤 세계에서는 강하게, 다른 세계에서는 조금 약하게, 또 다른 세계에서는 아주 약하게 그리고 또 다른 세계에서는 매우 강하게 출현한다. 실존적으로 우리는 우리 자신을 분화된 강도들로 기입해 넣는 여러 가지 세계들의 이러한 순환을 아주 잘 알고 있다. 우리가 '삶' 또는 '우리의 삶'이라 부르는 것은 약한 정도의 실존으로 우리가 출현하는 하나의 세계에서 보다 높은 강도의 실존으로 우리가 출현하는 또 하나의 세계로의 이행이다. 그것이 바로 삶의 계기, 즉 생의 경험이다.

따라서 우리가 데리다에 대해 갖고 있는 기본적인 관점은 다음과 같다. 어떤 세계에 출현하는 하나의 다수성이 주어졌을 때, 다수성 자신과 함께 출현하는 그것의 요소들이 주어졌을 때 — 이는 그것을 구성하는 것의 전체성이 이 세계에 출현한다는 것을 의미한다 — 거기에는 언제나 이 다수성의 구성 요소가 존재하며, 그것의 출현은 가장 약한 정도를 통해서 측정된다.

이 점은 특히 아주 중요한 것이기 때문에 다시 설명해보겠다. 어떤 세계 속에 출현하는 하나의 다수성, 즉 초월적 관계는 출현의 정도들, 실존의 정도들을 갖고 있는 이 다수성의 요소들에 영향을 끼친다. 그리고 그것은 적어도 언제나 이러한 요소들 가운데 하나로 — 현실에서 그것은 하나로만 존재할 뿐이다 — 존재하며, 가장 약한 정도의 출현으로 나타난다. 말하자면 그것은 최소한의 정도로 존재한다.

여러분들은 어떤 세계의 초월적인 것 안에서 최소한의 정도로 존재한다는 것이 전혀 존재하지 않는 것과 같음을 쉽게 이해할 수 있을 것이다. 세계의 관점에서 만약 당신이 최소한의 가능성으로 존재한다면, 그것은 존재하지 않는 것과 같다. 만약 당신이 세계 밖에서 신과 같은 눈을 가지고 있다면, 우연이라도 최소한의 실존태들을 비교해볼 수 있을 것이다. 하지만 만약 당신이 세계 안에 있다면, 최소한의 가능성으로 존재한다면, 이는 세계의 관점에서 볼 때 전혀 존재하지 않는 것을 의미한다. 우리가 이러한 요소를 '비실존자'(l'inexistant)라고 부르는 것은 바로 이 때문이다.

따라서 어떤 세계 안에 출현하는 하나의 다수성이 주어졌을 때, 거기에는 언제나 이 세계에서 하나의 비실존자로 존재하는 다수성의 어떤 요소가 존재한다. 그것이 이 세계와 관련한 이 다수성의 고유한 비실존자다. 비실존자는 존재론적으로 특징지어지지 않고, 오직 실존적으로만 특징지어진다. 규정된 세계 속에서 그것은 아주 적은 정도의 실존만을 가진다.

데리다가 엄청나게 몰두했던, 아주 잘 알려져 있는 투박한 예를 하나 들어보자. 부르주아와 자본가들의 사회에 대한 마르크스의 분석에서, 프롤레타리아는 엄밀하게 말해서 정치적인 다수성들 가운데서 비실존자다. 그것은 '실존하지 않는 것'이다. 그렇다고 그것이 존재를 갖고 있지 않다는 의미는 전혀 아니다. 마르크스는 단 한순간도 프롤레타리아가 존재를 갖지 않는다고 생각하지 않았는데, 왜냐하면 그는 이와 반대로 그것이 존재한다는 것을 설명하기 위해 엄청난 분량의 글을 채우고 또 채웠기 때문이다. 프롤레타리아의 사회적이면서도 경제적인 존재는 의문의 여지가 없다. 의문이 되는 것은, 항상 의문이 되어왔던 것은 그리고 그 어느 때보다 오늘날 의문이 되고 있는 것은 그것의 정치적 **실존**이다. 프롤레타리아는 정치적 표현의 장에서 완전히 배제되어 있다. 만일 우리가 정치적 세계에서의 출현이라는 규칙들을 따른다면, 아마도 분석이 필요한 이 다수성은 거기에 출현하지 않는다. 그것은 거기에 있지만 최소한의 강도의 출현, 다시 말해 영도(零度)의 출현을 가질 뿐이다. '인터내셔널가(歌)²가 노래하는 것이 바로 그것이다. "우리는 아무것도 아니다, 우리가 모두가 되자!"(Nous ne somme rien, soyons tout!) "우리는 아무것도 아니다"는 무엇을 말하는가? "우리는 아무것도 아니다"라고 부르짖는 사람들은 자신들의 무(無)를 긍정하고 있는 것이 아니다. 그들은 단지 지금 그대로의 세계에서는, 정치적인 나타남과 관련해서는, 자신들이 아무것도 아니라는 것을 확언할 뿐이다. 정치적 출현과 관련한 그들의 관점에서 볼 때, 그들은 아무것도 아니다. 그리고 '모두'가 되어야 한다는 것은 세계의 변화를, 말하자면 초월적인 것의 변화를 전제로 한다. 초월적인 것은 실존의 할당을 위해, 즉 하나의 세계 속에 있는 하나의 다수성의 비출현적 지점을, 비실존자를 이번에는 자신의 것으로 변화시키기 위해 변화되어야 한다.

조금 갑작스럽기는 하지만 이제 이러한 예비 작업들을 마치기로 하자. 나타남 또는 '세계-내-현존재'(être-là-dans-un-monde)의 일반 법칙 가운데 하나는 언제나 비실존의 그러한 지점이 존재한다는 것이다.

이제부터 나는 데리다의 사유가 지니는 쟁점, 전략적인 그의 쟁점, 철학자들은 오직 단 하나의 관념만을 가진다고 베르그송이 항상 말했던 그런 의미에서의 그의 쟁점을 파악해보려고 한다. 나에게 데리다의 작업이 갖는 쟁점, 무한히 다양한 접근 방식들과 여러 가지 서로 다른 저작물들로 세분화되는 데리다의 끊임없는 작업과 그의 엄청난 글쓰기

---

2 L'Internationale: 전 세계 사회주의자, 공산주의자, 사회민주주의자 등이 즐겨 부르는 노래다. 1871년의 파리 코뮌이 무너지고 난 후, 파리 코뮌의 일원이었던 외젠 포티에(Eugène Pottier)가 가사를 쓰고 피에르 드제이테(Pierre Degeyter)가 곡을 붙이면서 만들어졌다. 인터내셔널가는 프랑스 정치사에서 사회주의 전통을 상징하는 노래로, 프랑스혁명 100주년을 기념해 1889년 파리에서 열린 제2인터내셔널(국제사회주의자 회의)의 공식 행사가로 사용되면서 전 세계로 퍼지게 되었다.

가 갖는 쟁점은 **비실존자를 기입하는 것**이다. 그리고 비실존자를 기입하는 작업에서 그러한 기입을 식별하는 것은, 엄밀하게 말하자면 불가능하다. 데리다의 글쓰기에서 중요한 것은 '글쓰기'가 여기서 하나의 사유 행위를 가리키는 것이면서 동시에 **기입의 형태로 비실존자를 기입하는 것의 불가능성을 기입한다**는 데 있다.

'해체'(déconstruction)가 의미하는 것은 무엇일까? 생애 말년에 데리다는 긴급하게 해체되어야 할 한 가지가 있다면, 그것은 바로 해체, 즉 해체라는 낱말이라고 즐겨 말했다. 해체는 관학적인 일람표에 등장하는 어떤 것이 되어버렸으며, 이는 당연히 해체되어야 한다. 이러한 것에 어떤 의미를 부여할 수 있다면, 그 의미는 어떤 관점에서는 그것을 탕진한다는 데 있다. 그럼에도 불구하고 나는 그에게 '해체'라는 단어가 전혀 학제화될 수 없는 것이었다고 생각한다. 그것은 사변적인 욕망, 사유의 욕망을 가리켰다. 사유에 대한 근본적인 욕망. 이것이 바로 '그의' 해체였다. 그리고 모든 욕망이 그러하듯이 욕망은 하나의 마주침, 하나의 확증으로부터 출발했다. 1960년대의 모든 구조주의자들과 함께, 예를 들어 푸코와 함께 데리다는 세계에 대한 경험이 언제나 하나의 담론적 정립의 경험이라는 것을 인정했다. 하나의 세계 안에 있다는 것은 담론들에 의해 표시된다는 것, 자신의 삶과 신체와 성(性) 등등을 포함하는 것들 안에 흔적을 새긴다는 것을 의미한다. 데리다의 주장, 데리다의 논증, 데리다의 욕망의 원천은 담론적 정립의 형태가 어떤 것이 되었든 간에, 이러한 정립을 빠져나가는 어떤 지점이 존재한다는 것이다. 우리는 그것을 도주점(un point de fuite)이라고 부를 수 있다. 나는 이러한 표현이 문자적 의미와 가장 가까운 것으로 이해되어야 한다고 생각한다. 도주점은, 정확히 말해, 정립의 장치가 작동하는 규칙으로부터 달아나는 지점이다.

이러한 점으로부터 출발해 사유 또는 글쓰기의 끊임없는 작업은 이 지점의 위치를 설정하려 한다. 위치짓는다는 것은 그것을 파악한다는 의미가 아니다. 왜냐하면 파악한다는 것은 그것을 잃어버리는 것이 되기 때문이다. 그것이 도주하는 한, 당신은 그것을 파악할 수 없다. 우리가 '데리다의 문제'라 부를 수 있는 뒤따르는 문제는 그래서 다음과 같다. 도주를 파악한다는 것은 무엇인가? 도주하는 **것**을 파악하는 것이 전혀 아닌, 도주점으로서의 도주를 파악하는 것이다. 어려운 점은 언제나 다시 시작해야만 한다는 것, 즉 도주를 붙들자마자 이와 동시에 그것을 지워버린다는 것이다. 도주점으로서의 도주점은 파악될 수 없다. 우리는 그저 그것을 위치지을 수 있을 뿐이다.

데리다에게는 보여주기의 몸짓을 제안하는 것 같은 그런 것이 있다. 글쓰기가 하얀 잉크에 적셔진 이 손가락일 때, 정교하게 도주점을 보여주면서 이와 동시에 그것이 도주하게 내버려두는 글쓰기의 몸짓. 당신은 도주점'**으로**'(comme) 그것을 보여줄 수 없다. 죽은 것으로 그것을 보여줄 수 없다. 데리다가 그 어떤 것보다 꺼렸던 것이 바로 이것이다. 도주점을 죽어 있는 것으로 보여주는 것. 달아나지 않는 도주점을 보여주는 것. 그렇기 때문에 당신은 이러한 보여주기가 되고자 하는 글쓰기를 만나고 있다. 나는 그것을 위치 설정이라고 부르는데, 왜냐하면 보여주는 것이 바로 위치짓는 것이기 때문이다. 그리고 말할 것이다. "쉿! …… 어쩌면 저기 있는 것 같군, 조심해! …… 아마도 저기인 것 같아…… 멈추지 않게 해야지…… 도망치게 해야지……."

데리다는 사냥꾼의 반대편에 있다. 사냥꾼은 총을 쏠 수 있게 짐승이 멈추기를 바란다. 또는 짐승의 도주를 차단하려 한다. 반면 데리다는 도주가 도주하는 것을 멈추지 않기를 바라며 어떤 멈춤도 없는 도주의 명백함 속에서 우리가 '그것'(도주점)을 볼 수 있기를 바란다. 말하자면, 그것의 끊임없는 사라짐 속에서. 모든 나타남(paraître)은 사라짐-나타남[(dis)paraître]에 의해 유지되며, 우리는 의미의 깊은 숲 속에서 그것을 위치짓는 것밖에는 할 수 없다는 것, 도주는 도주한다는 것이 바로 데리다의 욕망이 지닌 문자적 쟁점이다.

도주점을 위치짓는 것 ─ 그것을 파악하는 것이 그것의 죽음이 된다는 것은 두말할 필요가 없을 것이다 ─ 조차 실제로는 불가능하다. 왜냐하면 도주점은 장소 안에 있는 장소 바깥이기 때문이다. 그것은 장소 안의 장소 바깥이다. 그렇기 때문에 장소 안에 있는 장소 바깥에서만 그것의 행위가 존재하는 것처럼, 우리는 더 이상 그것을 정확하게 위치지을 수 없다. 당신이 도주를 보여주기를 바란다면, 그러기 위해서는 이 도주가 위치하는 깊은 숲 속으로 아주 멀리까지 들어가야 한다. 그리고 발길을 옮기는 동안 당신은 도주를 보여주는 것이 아니라, 상당히 멀리서, 기껏해야 이 도주의 위치 설정을, 덤불숲 하나를, 숲 속의 빈터 하나를 보여줄 뿐이라는 것을 알게 될 것이다.

그리하여 결국, 아마도 가능한 것은 도주의 공간을 한정하는 것, 조금 더 정직하게 숲을 돌아다니는 것 또는 조금 덜 막연하게 돌아다니는 것뿐이다. 만일 당신이 도주와 접촉하고자 하지 않는다면, 위치 설정은 단지 담론적 정립이나 언어적 구속이 모든 것을 뒤덮고 있는 도주의 공간 같은 것이 되어버리지 않도록 하는 데 있다. 왜냐하면 이런 경우 당신은 비실존자를 전혀 위치지을 수 없기 때문이다. 당신은 그저 일반적인 공간만을 취하게 될 뿐이다. 그럼에도 그것이 달아나는 곳에 좀 더 가까이 있기 위해서는 당신이 걷고 있는 공간을 축소해야 한다. 다시 말해, 장소에서 빠져나온 것, 장소 바깥에 머물러 있는 것에 가장 가까이 가기 위해서는 장소 안에 있어야 한다. 사실, 해체는 지도 작성법처럼 도주의 공간이 위치를 잡을 수 있도록 담론적인 작동 방식들을 제한하는 데 있다. 이렇게 말하면서 말이다. 보물이 저기 있군……. 아니면, 샘이 저기에…… 사라지고 있는 게 저쪽이군……. 그런데 조용히, 아주 조용히…… 그렇지 않으면 보물을 도둑맞겠어. …… 샘이 말라버리겠는걸. …… 내게 좋은 생각이 있어, 그런데 막연해, 보물을 밟는 걸 피하기에는 너무 막연해. …… 보물 위로 한 발짝만 내딛게 되면, 더 이상 아무런 가치가 없게 되지. …… 우연도 마찬가지로 위험해……. 조심조심히…….

예를 들어 당신은 거대한 형이상학적 대립들을 파악할 수 있다. 그 것들에 대각선을 그어보자. 왜냐하면 담론적 공간을 한정하는 것은 덩어리로, 선형적인 덩어리로 남겨두는 것이 아니기 때문이다. 거대한 이항 대립들을 통해서는 장소 안에 있는 장소 바깥을 위치 설정하는 것이 가능하지 않다. 그러므로 그것들을 해체해야 한다. 그것들을 가로질러 가야 한다. 그것이 바로 해체다. 근본적으로 해체라는 것은 도주의 공간 또는 도주점이 머무르는 공간에 대한 어떤 제약을 이끌어낼 수 있는 작업들의 총체다. 다시 한 번 그것은 전도된 사냥과 유사한 작업이다. 사라져버리려 하는 건강한 동물을 붙잡아야 하는 사냥은 장소를 넘어선 동물의 도약을 포착해야 한다. 그리고 그러기 위해서는 최대한 가까이 다가가야만 한다. 어쩌면 총을 쏘기에는 너무 가까운 거리까지 가게 될 수도 있다. 그렇기 때문에 참을성 있게 위치를 설정해야 한다. 이는 도시와 시골, 산과 계곡, 존재와 존재자 사이의 중요한 구분들에 대한 기초적인 지도 작성을 전제로 하며, 이러한 구역들의 배치를 차차 좁혀나가야 한다.

바로 여기에서 모든 일련의 논의들이 생겨난다. 예를 들어 존재와 존재자의 차이가 지니는 실질적인 효과에 대한 하이데거와의 논의가 그렇다. 데리다가 '차연'(差延, différance)이라는 개념을 제시했을 때, 그는 이 독특한 용어가 도주점 안에서 존재/존재자의 구분을 활성화하는 것으로 이해되기를 바랐다. 데리다는 존재/존재자의 차이 속에 형이상학적 대립으로 남아 있는 것을 **도주시켰고**, 그 결과 우리는 차이를 **행위 속에 있는** 것으로 파악하게 되었다. 그리고 이러한 행위 속에 있는 차연은 당연히 존재와 존재자에 대한 모든 대립들의 도주점에 놓여 있는 것, 그러한 대립의 형상으로 전혀 축소될 수 없는 것이다. 그리고 같은 방식으로 민주주의/전체주의의 대립을 검토해야 한다. 또는 팔레스타인 분쟁에서의 유대인/아랍인의 대립이 지니는 실제적 효과를 검토해야 한다. 방법은 항상 동일하다. 팔레스타인 분쟁에서의 유대인/아랍인의 대립을 다룰 때도 데리다는 마찬가지로 이원성을 해체하는 입장을 취한다.

언제나 방법은 구분으로서의, 분할로서의, 분류로서의 장소를 너무 앞질러 보증하는 대립과 관련해서 도주점의 영토라고 할 수 있는 장소를 식별해낼 수 있는 것을 찾아내는 것이다.

데리다는 정리된 사태들을 흐트러뜨린다.

자신이 관여한 모든 문제들과 관련해서 데리다는 내가 용감한 평화인(平和人)이라고 부르는 그런 사람이었다. 그는 용감한 사람이었는데, 왜냐하면 이미 구축된 구분을 따르지 않기 위해 언제나 많은 용기를 내야 했기 때문이다. 그리고 평화인이었는데, 왜냐하면 이러한 대립에서 벗어나는 것을 포착하는 것은 일반적으로 평화를 향한 길이기 때문이다. 왜냐하면 모든 진정한 평화는 존재하는 것에 대한 합의를 통해서가 아니라 존재하지 않는 것에 대한 합의를 통해서 이루어지기 때문이다.

이런 비스듬한 완고함, 형이상학적인 내력을 가진 생경한 몫들에 대한 이런 거부는 확실히 지금과 여기라는 결단의 법칙 아래 모든 것이 속했던 소요의 시대들에는 맞지 않는다. 데리다가 1968년에서 1976년 사이의 붉은 시절의 진리와 거리를 두었던 것은 이 때문이다. 왜냐하면 그 시절의 진리는 이러했기 때문이다. "하나는 스스로를 둘로 나눈다" (Un se devise en deux). 당시 우리가 시적인 방식으로 욕망했던 것은 극단적인 갈등의 형이상학이었지 인내를 요하는 대립들의 해체가 아니었다. 그리고 데리다는 그것에 동의할 수 없었다. 그는 스스로 떠나야 했다. 이를테면 그는 스스로를 유배 보내야 했다.

설사 그가 모든 진정한 인내의 폭력을 몰랐다 하더라도, 그에게는 자신의 문자적인 인내와 동일한 매우 커다란 사색적인 감미로움이 있었다. 데리다적인 접촉이라는 것이 있었다. 장-뤽 낭시(Jean-Luc Nancy)에 대한, 낭시와 함께 쓴 그의 훌륭한 책에는 '접촉'(Le Toucher)이라는 제목이 붙어 있다. 2000년에 출간된 매우 아름다운 책이다. 그것은 그의 '영혼론'이자 감각론이며, 가장 섬세하게 아리스토텔레스적인 책이다. 데리다는 거기에서 감각적인 것과 사유 사이의 관계에 대한 새로운 설명을 제공하고 싶어한다. 접촉 속에는 그런 어떤 것이 들어 있다. 너무나 섬세하게 감각적이어서 사유와 거의 분간될 수 없는 어떤 것이 들어 있다.

데리다가 점점 더 대화의 형식을 선호하게 된 것도 역시 그 때문이다. 엘렌 식수(Hélène Cixous), 엘리자베트 루디네스코(Elisabeth Roudinesco), 위르겐 하버마스(Jürgen Habermas) 혹은 다른 사람들과의 대화들. 그리고 특히 페미니즘적 입장을 가졌다고 불릴 만한 사람들과의 대화. 타율적인 입장과의 대화 속에서 당신은 어쩌면 법(法)으로부터 도주하는 것, 노모스(nomos) 바깥으로 경쾌하게 튀어 나가는 것과 접촉하게 될지도 모른다. 당신은 어쩌면 **지나가는 중에** 가볍게 스치게 될지도 모른다. 이런 접촉의 스쳐감이 바로 데리다가 품은 철학적 욕망과 아주 깊이 부합되는 것이다.

우리가 무엇인가를 욕망할 때, 이를 위해 하려고 하는 것은 무엇일까? 이 욕망, 비실존자의 이 욕망은 모든 욕망들처럼 필연적으로 결국에는 어떤 부분을, 이 비실존자를 잠재워야 한다. 예를 들어 하얀 종이 위에 잠재워야 한다. 그것이 이미 깨어난 것을 알고 있다 하더라도. 그것이 이미 다른 곳에 있다 할지라도. 그것이 이미 떠났다 할지라도. 그러한 것이 바로 데리다의 욕망이었다. 순간조차 되지 않은 짧은 순간이나마 장소의 비실존자를, 도주의 도주점을 위치짓고 접촉하고 포용하기. 외부를 향한 기입을 안으로 기입하기.

비실존의 토대가 무(無)라는 점에서 이것은 철학적인 관습들에 위배된다. 게다가 당신은 절대로 비실존자가 무라고 말할 수 없다. 모든 어려움은 바로 이것이다. 형이상학적 오류, 돌이킬 수 없어진 유일한 형이상학적 오류가 남아 있는 곳이 바로 그곳이다. 대표적인 형이상학적 오류는 비실존자를 무와 동일시하는 것이다. 왜냐하면 비실존자는 정확히 **존재하기** 때문이다. 그것은 절대적으로 존재한다. 비실존하는 프롤레타리아가 "우리는 아무것도 아니다, 우리가 모두가 되자"라고 말하기 위해 자신들의 존재를 주장할 수 있는 것은 이런 이유에서다. 그것은 또한 대혁명의 정의이기도 하다. 거기에서 비실존자는 절대적으로 존재할 것임을 선언하기 위해 자신의 다수-존재(être-multiple)를 주장한다. 물론 이를 위해서는 세계를, 세계의 초월적인 것을 변화시켜야만 한다.

비실존자는 **아무것도** 아니다. 하지만 아무것도 아니게 존재하는 것은 전혀 존재하지 않는 것이 결코 아니다. 아무것도 아니게 존재하는 것, 그것은 하나의 세계에 또는 하나의 규정된 장소에 고유한 방식으로 비실존하는 것이다. 이로 인해 데리다 특유의 문장이 지닌 교차된 미끄러짐들이 밝혀진다. 그것은 "만일 당신이 비실존자가 **존재한다**고 말한다면, 당신은 자연스럽게 그것은 실존하지 않는다는 것을 놓쳐버리게 된다"와 "만일 당신이 그것은 실존하지 않는다고 말하는 것으로 만족한다면, 당신은 그것이 **존재한다**는 것을 놓쳐버리게 된다" 사이의 미끄러짐이다. 따라서 어떤 구성된 대립도 사실상 이항 대립이라는 방식으로 비실존자의 정확한 위치를 규정지을 수 없다. 왜냐하면 존재에서 비실존으로 그리고 비실존에서 존재로 당신은 언제나 미끄러져버리기 때문이다. 그렇기 때문에 데리다와 마찬가지로 당신은 긍정과 부정 사이의 기본적인 구분을 더 이상 정당화하지 않는 하나의 논리를 갖게 된다.

나는 그것이 문제의 핵심이라고 생각한다. 당신이 수행하고 있는 논리적 공간이 더 이상 전혀 긍정의 대립도 아니고 부정의 대립도 아닐 때, 해체는 자신의 막바지에 이르게 된다. 나는 접촉이 그러한 것이라고 말하려 한다. 접촉은 논리적인 작동인(作動因)이다. 당신이 어떤 것과 접촉할 때, 당신은 그것으로 존재하면서 또한 그것으로 존재하지 않는다. 그것이 바로 사랑의 애무가 담고 있는 모든 드라마다. 사랑의 애무가 논리적으로 신체와 관련된 것처럼, 텍스트와 관련되었든 정치적 상황과 관련되었든 해체의 이상은 접촉이다. 접촉의 이상. 접촉 속에서 접촉하는 것은 오직 비실존을 통해서만, 할당 불가능한 도주점을 통해서만 접촉되는 것과 분리된다. 왜냐하면 접촉의 두 가지 '행위자들'인 능동태와 수동태를 구분하는 것은 바로 그것들을 또한 결합해주는 접촉의 행위일 뿐이기 때문이다. 따라서 여기에는 내가 본질적인 미끄러짐이라고 부르는 그런 미끄러짐이 있으며, 그것은 존재하다와 실존하다 사이의 미끄러짐이다. 그렇다, 비실존자를 붙들기 위한, 비실존자의 기

140

호를 위한 미끄러짐, 주요한 미끄러짐.

데리다는 언어 안에도 이 미끄러짐을 설치했다. 이것이 나의 마지막 언급이 될 것이다. 그는 모든 진정한 낱말은 미끄러짐이라는 것을 말하고자 했다. 낱말은 지시도 아니고 기표도 아니다. 그것은 하나의 미끄러짐, 존재와 실존 사이의 미끄러짐이다. 비실존자를 따라서 미끄러질 때, 그때 비로소 낱말은 울려 나온다. "산 자들이여 미끄러져라. 고집 피우지 말라!" 나는 이것이 데리다가 자신만의 고유한 낱말들로 글을 쓰면서 말했던 것이라 생각한다. 또한 이것이 그가 수많은 비판을 받았던 이유이기도 하다. 때로는 나조차 그의 비범한 언어적 곡예와 파생적 문장들, 문체의 무한한 미끄러짐 때문에 신경질이 났다. 하지만 우리는 이 모든 것을 정당하게 평가할 수 있으며 또한 그래야 하는데, 왜냐하면 미끄러짐의 보여주기는 비실존자의 욕망을 담고 있기 때문이다. 당신은 언어를 도주시키면서 도주점을 보여주어야 한다. 당신은 도주의 언어를 가지고 있어야 한다. 만일 당신이 비실존을 감내하는 언어를 이용하려 한다면, 당신은 오직 그 언어 속에서 비실존자의 보여주기만을 조작할 수 있을 뿐이다. 도주의 언어. 그리고 이런 경우에는 장 주네가 말했던 것처럼, "나의 승리는 언어적이다."

내가 바치는 최후의 존경 또한 언어적일 것이다.

데리다에게 경의를 표하면서, 이제부터 나는 'a'를 넣은 비현존(inexistance)을 말하고 글쓰기를 하려 한다. 비현존. 그가 차연을 말했던 것처럼. 그리고 사실상 이미 오래전에 그가 차연이라는 낱말을 고안해냈을 때 말하고자 했던 것과 아주 가까운 의미로. 차연이라는 낱말은 사실 데리다가 비실존을 잠재우려고 시도했던 작업이다. 우리가 글쓰기를 적어 넣는 것과 같은 잠재우기(De coucher comme on couche par écrit). 그는 글을 쓰는 행위로, 미끄러짐으로 비실존자를 차연 안에 잠재우려고 시도했다. 그런 배움을 통해서 나 역시 'e'에서 'a'로 향하는 미끄러짐을 비실존에 부과하면서, 비실존의 세속적인 방식 안에서는 자신의 존재가 결코 철회될 수 없는 것임을 알림으로써 이 비실존을 잠재우려고 시도해보고자 한다. 우리는 아무것도 아니지만 존재해야 한다. 이것이 비현존의 정언명령이다. 누구도 이것으로부터 벗어날 수 없다. 이 정언명령에 대한 경계를 늦추지 않는 파수꾼이었던 데리다에게 감사를 보낸다.

142

11
장 보레유
Jean Borreil, 1938~92

보레유의 글쓰기에는 '스타일'이라는 낱말로는 전혀 어울리지 않는, 그의 목소리가 지닌 힘 속에 들어 있는 것과도 같은 나지막하면서도 귀에 거슬리는 완고한 어떤 것이 있다.

게다가 보레유는 스타일을 불신했다. 그의 사유가 무엇보다 싫어한 것은 안정감과 오만함, 적절함이었다. 그런데 관습은 쉽사리 스타일이 되어버린다. 그는 이렇게 썼다.

예의라는 외양 속에 모든 것을 기입해 넣는 스타일과 미사여구들로 감싸여 있다는 것을 알면서도 우리는 도덕적 질서를, 심지어 인종주의까지도 묵인한다.

보레유에게 스타일은 종종 비천함을 감추는 위장이었다. 그런데 어쩌면 그가 겨냥했던 자신의 사유 스타일은 바로 오만함을 속이는 것이었다. 그는 사유를 설치하는 방식, 그것의 여행 또는 미소짓고 있지만 결정적인 그것의 압력이 갖고 있는 독특한 부드러움을 고안해냈다.

그리고 무엇보다 그의 비범한 역할은 질의에 응하는 방식이었다. 나는 질문이 아니라 질의라고 말하고 있다. 보레유에게는 질문을 던지는 해석학과는 전혀 관계없는 수많은 실제적인 물음표들이 있다. 당신에게 이 문장부호들은 저자를 포함해서 의문들이 위치한 지점을 정확히 측정할 것을, 또한 아주 짧게 정리할 것을, 그가 우리에게 제시했던 방식처럼 세계 속에서의 여행의 지점과 유목의 지점을 명확히 밝힐 것을 요구한다.

그의 글쓰기에 이런 질의들이 쇄도할 때면, 그것은 사유가 의미와 운명의 거대한 문제 제기로부터 휴식을 취하고 있기 때문이 아니다. 이와 반대로 그것은 우리를 내부의 예측할 수 없는 정지를 향해서 곧장 움직이도록 초대한다. 질의는 언제나 충실하게 응답을 뒤따른다. 질의는 우리가 응답을 향해서 움직여야 하는 것임을, 밝혀지거나 드러나는 것으로서 이미 응답이 거기에 있는 것이 아님을 알려주기 위해 거기에 존재한다. 응답은 공유된 움직임의 가능성이다. 보레유가 "용납할 수 없는 것은 무엇인가?"라고 물었을 때, 그는 곧장 "거절과 반발을 유발하는 것"이라고 응답했다. 히페리온(Hyperion)을 제시하면서 그가 "왜 인식은 좌절되는가?"라고 물었을 때, 그는 "반성은 불일치를 해결할 수 없기 때문이다"라고 응답했다. 잘 알려진 기본적인 일화 역시 질의를 통해 시작되었다. 키니코스의 디오게네스(Diogenes)의 충격적인 생각

144

을 우리에게 상기시키기 위해 그는 이렇게 물었다. "가장 탁월한 철학적 행위는 어떤 것인가?" 그리고 대답했다. "디오게네스는 광장(agora)에서 자위를 했다." 그리고 다시 물었다. "이와 같은 이야기가 알려주는 교훈은 무엇인가?" 그리고 친근하면서도 엄격한 선생님이 곰곰이 생각해보라고, 자신만의 힘으로 생각해보라고 요구하는 것에 응답하는 초등학생이라도 된 것처럼 그는 다시 한 번 대답했다.

당시 그리스인들에게 이 교훈은 다음과 같은 놀라운 역설을 품고 있다. 광장은 나의 침실이다. 공적 공간은 곧 사적 공간이다.

이 질의에 따르면 사유는 닻을 올렸으며, 사유는 불확실한 바다 위에 있다. 사유는 그 자체가, 보레유의 눈으로 볼 때는, 각자가 모두를 위해 존재하는 유사 타자다. 그리고 응답에 따르면, 사유는 자신의 목적지가 전혀 아닌, 그저 하루의 유숙지(留宿地)일 뿐인 항구로 들어왔다. (사유에는 목적지라는 것이 존재하지 않는다.) 질의의 규칙 아래에 놓여 있다는 것을 제외하고는 어떤 것도 확신하지 않는 이 독특한 스타일 속에는 무엇보다 유목적인 이미지가 기입되어 있으며, 그것은 질의와 응답 사이를 관통하고 출발의 아침과 멈춤의 저녁 사이에 간극을 만든다.

따라서 그의 사유 스타일은 바다와 항구에 관련되어 있다. 보레유는 이 사유의 적들을 끊임없이 적법한 소유자와 동일시한다. 도시국가의 소유자, 재화의 소유자, 정치의 소유자 그리고 마지막으로 자칭 사유 자체의 소유자라고 주장하는 자. 사유의 적은 이와 같은 육지들 위에 세워지고, 고유한 것으로 전유된다. 그것은 고유성-소유자(le propre-iétaire)다. 바다와 항구의 사유는 고유성-소유자를 탈전유(désapproprier, 소유권 박탈)한다. 그리고 다시 한 번 보레유는 이렇게 질의를 던진다.

[그런데 또한] 항구들은 도시국가의 안녕보다 자신들의 개인적인 안녕을 언제나 앞에 놓는 상인들과 '자본가들'의 공간이 아닌가? 그곳들은 광장의 열띤 논쟁들을 빛으로 흘러넘치게 하는 태양과 정확하게 반대편에 있는 매춘과 밤의 공간이 아닌가? 한마디로 항구들은 코스모폴리스(Cosmopolis)의 지상적인 대체물, 그것이 아니라면 적어도 그것의 이미지가 아닌가?

보레유에게 사유는 유랑이라는 어려운 항로를 따르며, 안정감을 얻게 될 어떤 고정점도 갖지 않는다. 그것은 이상적인 태양 없이 좌표를 만든다. 그것은 무엇보다 수직선이 없는 사유, 오직 평등의 수평면 위에서만 움직이는 사유다.

근대도시는 이런 내재성의 지도(地圖)에 대한 상징이다. 보레유는 "도시, 그것은 순수한 표면이다"라고 말한다. 또한 그것은 그가 "하이데거적인 그리고 시적인 대지"라고 부르는 것과 명백하게 대립하는 것이다. "의미를 만들지 않으면서 모든 의미를 두루 맴돌게 되는 도시의 수평성." 그가 사랑했던, 누구보다 애독했던 근대 작가에 의해 증언된 제임스 조이스(James Joyce)의 더블린, '어디도 아닌 곳'(nulle part).

우리는 다음과 같은 것을 말할 수 있어야 한다. 수평선을 두루 편력하는 사유의 스타일이란 무엇인가? 그리고 또한 보레유의 글쓰기와 관련한 이 질의는 충실성과 관통력을 가지고 부드러우면서도 엄격하게 응답되어야 한다.

나는 사유가 두 가지를 피해야 한다고 말하고자 한다. 매듭(boucle)과 돌출(surplomb)이 그것이다. 이 두 가지를 피하는 것만이 사유를 유사 타자들이 위치한 수평성에, 그와 동류의 것들의 평등성에 내맡기게 해준다.

보레유에게 매듭을 피하는 것은 수많은 형태들을 취한다. 무엇보다 우리는 사유가 국지적으로 실행되어야 하며 본래의 주제라고 여겨지는 것으로 되돌아가게 하는 어떤 일반적인 운동도 전제해서는 안 된다고 말할 것이다. 사실 거기에 있는 것은 국지적인 파국들, 우리가 끈질기게 증언하는 도래할 사태들이다. 사유는 그것이 할 수 있는 최대한으로 그것에 부합한다. 그는 묻는다. "어떻게 하나의 말을 일련의 파국들 앞에다 붙일 수 있는가?" 이런 부합은 포괄적인 추론을 전혀 문제삼지 않은 채 매번 하나의 지점에서 다른 지점으로 진행되는 하나의 스타일을 고정한다. 이런 관점에서 참조들과 고유명사들을 가지고 그가 만들어내는 문체적인 용법보다 더 경이로운 것은 없다. 거기에는 최고의 비개연성, 하나의 놀라움, 일종의 이름들의 비상(飛上)이 있다. 여기에 덧붙여 그는 이렇게 말한다. "비상까지는 아니더라도 철학의 역사와 그것에 대한 박식함이 아니라 그것의 변화와 포착과 관계를" 가져야 한다.

철학의 역사와의, 하지만 오직 그것만은 아닌 관계. 「이타카로의 불가능한 귀향」(L'impossible retour à Ithaque)을 보자. 그것은 호메로스와 오디세우스로부터, 『숭고론』(*Traité du Sublime*)에 실린 자신의 비평으로부터 시작한다. 왜냐하면, 말이 나온 김에 덧붙이자면 보레유는 아주 많은 것을, 거의 모든 것을 알고 있기 때문이다. 그리고 다음으로는 우리를 별안간 옆길로 빠뜨리는 동양에 관한, 절제(節制)에 관한 주제들 그리고 뱃머리를 돌려 횔덜린(Hölderlin)과 하인리히 폰 클라이스트(Heinrich von Kleist)로 나아간다.

우리는 이 무대 뒤편에서 요한 볼프강 폰 괴테(Johann Wolfgang von Goethe)와 프리드리히 폰 실러(Friedrich von Schiller)를 어렴풋이 감지할 수 있다. 여행의 문제 — 사유의 움직임을 나타내는 — 는 좀 더 날카로워진다. "여행은 하나의 파국이다." 고유성의 몰락이 발표된다. "집으로 돌아가는 문제가 불가능한 것처럼, 집이라는 것도 더 이상 존재하지 않는다." 그렇다면 우리는 율리시스의 귀향을 가능하게 한 것은 무엇이며, 어떤 것도 예측하게 해주지 않는 항구로 우리를 인도하는 세이렌의 중요한 일화는 무엇인지 물을 것이다. 푸코의 물음이다. 그것은 고통과 죽음의 횡단에 대한 문제다. 그리고 우리가 핵심적인 문장에서 읽어낸 쓰라림과 함께, 또다시 하나의 질의와 그의 대답이 이어진다. "죽음을 횡단하고 나면, 이제 해야 할 일로 남은 것은 무엇인가? 집으로 돌아가는 것이다." 죽음의 횡단과 회귀의 이 연결은 헤겔을 떠올리게 하는데, 왜냐하면 그는 휴지(休止)와 위치 설정을 통해 우리를 튀빙겐을 거쳐 히페리온에게, 횔덜린에게, 잠든 태양의 비가(悲歌)들로 인도했기 때문이다. 그리고 마침내 지중해는 조이스의 도시적인 수평성을 위해서 파괴된다.

거기에는 무질서한 어떤 것도, 매듭지어진 어떤 것도 없다. 자신이 얻은 것을 붙들고 있는, 그 밖의 것은 아무것도 없는 가장 엄밀한, 정확한 항해. 보레유의 사유 스타일이 갖고 있는 좌우명은 다음과 같은 아르튀르 랭보(Arthur Rimbaud)의 것이다. "얻을 수 없는 것을 붙들어라"(tenir le pas gagné). 그것만이 우리가 매듭의 세이렌, 전체성의 세이렌에게 굴복하지 않도록 보증해준다.

그는 조이스에 관해서 이렇게 말했는데, 이는 자신의 항해를 위한 하나의 항로표지다.

반성적인 언어도 더 이상 아니고, 오디세우스적인 의식의 행보도 아닌, 몰리 블룸(Molly Bloom)의 독백.

매듭의 반대편에는 독백이 있다. 자기 자신에게서 자아의 긍정적인 변화로 이행하는 것을 이해하기 위한 독백. 고유성의 상실에 대한, 종말의 부재에 대한 유사 타자를 승인하는 것에 대한 독백.

이러한 좌우명에는 회귀도 없고 상실도 없다. 상실은 근대적인 자유이며 이 근대적 자유는, 이렇게 말해도 좋다면, 매듭이 풀린 것이다. 이렇게도 말할 수 있다. "우리는 결코 이타카로 돌아갈 수 없다. 우리는 돌아가기 위해서가 아니라 바로 소멸하기 위해서 길을 잃을 뿐이다." 다시 한 번 "우리는 떠날 수 없다"라고 말한 랭보가 떠오른다. 보레유라면 곧장 이렇게 말했을 것이다. 아니다, 그렇지 않다, 우리는 떠날 수 있다! 중요한 것은 우리가 돌아올 수 없다는 것, 우리가 그것으로부터 벗어날 수 없다는 것이다. 하지만 우리를 농락하는 또 다른 함정은 돌출이다. 보레유가 붙잡고 있는 사유의 스타일은 보편적인 것과의 결별이다. 왜냐하면 보편적인 것은 위장된 고유성의 오만, 서양적인 고유성의 오만이기 때문이다. 그것이 바로 이중의 문체적인 도박, 산문의 단독성의 도박, 분할의 사명과 유사성의 도박을 규정짓는 것이다. 하지만 이핵심적인 지점에 당도하기 위해서는 먼저 질의의 쇄도를 겪어야 한다.

서로 다른 유사한 것들을 가지고 무엇을 할 수 있는가? 언어들로 뒤덮인 비탄을 가지고 무엇을 할 수 있는가? 계속되는 파국, 계속되는 파괴의 용인할 수 없음을 어떻게 찾아낼 수 있는가? '짜증 난다'는 것조차 아프리카에서는 서양의 언어로 말해지는데, 도대체 어떤 말이 그것에 '에워싸이지 않는' 것을 보존하고 있는가?

그리고 단 한 번의 예외적인, 정언명령의 형식을 취한 응답이 이어진다.

오만함으로 번역되는 보편주의에 맞서 도박을 해야 한다. 그러면서도 동시에 유사한 것들의 평등성이 지닌 우월성을 주장해야 한다.

각기 모두 위험성을 지닌 두 가지 도박들을 결합하는, 하지만 이러한 결합이 각각의 위험성보다 훨씬 더 위험스러운 이 정언명령은 그의 모든 스타일과 질의, 응답, 국지적 항해, 항구들, 이름이라는 별들의 예기치 못한 방식의 배치, 완고함, 독백……을 지휘한다.

그렇다면 문제가 되는 것은 하나의 사유 또는 끝없는 나열인가? 보레유는 이렇게 선언한다. "복수(復數)를 사유하는 것은 불가능하다." 그런데 보편주의에 대한 거부뿐만 아니라 평등주의적인 정언명령을 포함하는 것은 복수에 대한 사유다. 그렇다면 우리는 그의 스타일이 복수를 분할받은 나열이며, 불가능한 사유를 통해 비밀스럽게 스스로 복수가 되는 것이라고 말해보자. 이런 긴장감의 지배를 받는 텍스트는 우연을 바라면서 어떤 것을 지켜내야 한다. 그것은 우연의 흔적, 마주침의 흔적, 수평성의 제자리걸음 속에 재각인된 그런 것의 흔적이 되어야 한다.

그는 ― 인용해보자면 ― "주목할 가치가 있는 것인지 그렇지 않은 것인지를 선험적으로 결정하지 않는 시선의 우연성에 대한 관심"에 경의를 표한다.

그의 사유 스타일은 이런 비결정을 출현시키는 것이다. 우유부단함이 아니라 산문의 발원지에서 국지적으로 출현한 두 갈래로 나뉜 궤도로서의 비결정. 그에 따라 결국 우리는 우리가 가고 있다고 상상한 곳에 있지 않다. 짙은 안개 때문에 낯선 대지로 우회하는 비행기처럼 우리는 변해버리고 말았다(avoir été altérés). 이는 또한 우리가 집에 있음을 말하는 것이기도 한데, 왜냐하면 이러한 방향 전환이 우리에게 고유성의 부적절성, 출생지의 이타성, 모든 매듭의 잘림과 모든 돌출의 불가능성을 드러내주기 때문이다.

보레유와 정치적으로 날카롭게 반목했던 시절을 나는 기억한다. 그 시절의 어법들을 한쪽으로 밀어놓더라도, 주목할 가치가 있는 것인지 생각해보기도 전에 너무 앞서 결정을 내리고 있다고 그가 나를 질책했던 것을 떠올려본다. 모든 것을 고려해볼 때, 그의 사유 스타일은 통상적인 의미의 정치적인 것은 아니었다. 그렇다고 철학적인 것도 아니었다. 그는 철학의 철학자가 아닌 그런 철학자였다. 차라리 그는 증인처럼 여겨지는 사람이었다. 그의 사유에서 단독성과 유사성은 너무나 섬세해서 그 둘의 사이를 측정해내기란 쉽지 않다. 개념의 오디세이아 같은 허망함 대신에 그는 국지적인 지점을, 코스모폴리스의 항구를, 타자의 담화를 정확하게 이해할 수 있는 곳을 찾아내려고 몰두했었다. 프랑수아 샤틀레(François Châtelet)에 대해서 그는 이렇게 말했다. "존경심과 불손함, 그것이 타자의 이성에 귀 기울이는 비낭만적인 방식이다."

그리고 마지막으로, 그것이 그가 중요하게 여긴 것이었다. 사유의 비낭만적인 스타일, 모든 영웅적인 개념들의 폐기, 확신에 찬 인내심, 우애로운 밭갈이(labourage). 또한 이것들은 그 자신에 대한 것이면서 동시에 그가 바랐던 사유의 글쓰기에 대한 언급이기도 하다. 클로드 시몽(Claude Simon)에 대한 그의 언급을 나는 결론으로 대신하고자 한다.

무대 앞으로 나오라. 흩뜨리기 위해 또는 이름 없는 나라의 10월의 바람이 포도나무 잎사귀들을 떨어뜨리는 것처럼, 혹시라도 신부의 옷을 벗겨 그녀의 나체를 화폭 속에 전시하기 위해.

12
필립 라쿠-라바르트
Philippe Lacoue-Labarthe, 1940~2007

그와 함께라면 모든 것이 독특한 심오함을 부여받았다. 파토스의 심오함도 아니고 모호한 심오함도 아닌, 정직한 심오함. 나는 그것이 그와의 우정에서 내가 경험했던 그런 것이라고 말하고 싶다. 유보되고 몇 가지 사실들에 의해 지탱되며, 막연하면서도 동시에 절대적으로 신뢰할 수 있는 심오함. 그렇다, 라쿠-라바르트에게는 확신이라는 것이 있었으며, 그것은 세계가 여전히 아직도 그 자신으로 존재하는 데 이르지 못하는 것을 항상 애통해하는 사람에게서 우리가 느낄 수 있는 것과 기이하게 동일한 그런 확신이었다. 슬픔에 잠긴, 그러면서도 확신할 수 있는 절대적으로 충실한 심오함, 그러한 것이 내가 읽어내고 내가 이해한 그의 사유다.

확실히 그는 사유의 본질이 물음이라는 하이데거의 원칙을, 물론 변형해서 간직하고 있었다. 그는 이 원칙을 고수했는데, 나에게는 그것이 두 가지 물음들을 구성할 수 있기 때문인 것처럼 보인다. 한 가지 물음은 그가 철학적 '테제들'이라고 칭하기를 거부했던 것으로, 그럼에도 동시에 그러한 것들은 여전히 그의 끊임없는 실험의 움직임 속에 들어 있었다. 그렇다, 테오도르 아도르노(Theodor Adorno)를 넘어서 다시 손질되고 다시 사유된 아우슈비츠의 물음, 그것을 통해 우리는 하이데거를 포함한 서구의 사변적인 계보학과 괴물성 사이의 관계를 정확하게 검토할 수 있게 된다. 그리고 이러한 물음에 포함되지만 그것과 구별되는 시(詩)에 대한 물음과 시의 비(非)시적인 내재성 또는 그것의 무위적 본질을 가리키는 것으로서의 순수한 시적 양태에 대한 물음이 있다. 우리는 그것을 시의 산문-되기라고도 부를 수 있을 것이다. 요약하자면, 그의 물음들은 우리의 역사적인 장소가 지니고 있는 두 가지 극점들 사이에 배치되어 있다. 첫 번째는 치명적인 정치와 위대한 예술의 구성적 의지와의 공모, 예술 작품의 모방적인 모티프를 구성하는 공모다. 두 번째는 윤곽선을 그리려는 모든 의욕, 모든 불후성(不朽性)으로부터 면제된 예술을 가리키는 것으로서의 시적인 후퇴의 가능성이다. 모든 위대한 예술 이후의 예술. 이 둘 사이를 매개하는 것은 연극과 타락과 구원의 뒤얽힘이다.

　우리 모두가 거주하는 이 표지들의 공간 속에서 그는 단독적이면서도 명료한 두 가지 물음들과 전투를 벌였다. 거기에는 거칠면서도 포괄적인 그리고 포옹이나 속박과도 유사한 부드러움 또한 들어 있는, 모방할 수 없는 그의 스타일이 있었다. 거기에서 그는 물음을 물을 가능성에 대한 하이데거적인 전망을 넘어섰다.

사변적인 계보학에 괴물성을 부여하는 것의 모방적이고 신화적인 본성을 완전히 밝혀내기 위해서는 위대한 예술에 대한 비판이 자신의 종말에 이르러야 한다. 이는 말하자면, 니체가 직관 속에 가지고 있었던 것, 즉 리하르트 바그너(Richard Wagner)의 아프로디테적인(최음제와도 같은) 해로움을 넘어서야 한다는 것을 의미한다. 바그너주의만이 아니라 바그너와 겨루려는 그리고 바그너를 넘어서려는 시도들 또한 대부분이 정치적인 허구와 함께 공명하는 예술적인 허구화 속에 기입되어 있다는 점을 보여주어야 한다. 그리하여 재난과 함께한 동시대인들이 계보상으로 존재한다. 라쿠-라바르트에게 핵심적인 두 가지 저서는 『무지카 픽타: 바그너의 형상들』(*Musica ficta: figures de Wagner*)과 『정치적인 것의 허구』(*La Fiction du politique*)다. 바그너는 첫 번째 물음이 실험되는 장소의 이름이라고 할 수 있다. 진행 중인 사유로서의 파시즘에 대한 물음인 허구에 대한 물음.

그리고 또 다른 극점에서는, 위대하고 기념비적인 하이데거적인 해석으로부터, 아무리 고뇌의 절정에 있더라도 언제나 시를 형세(configuration)에 대한 의지 속으로 고정시키는 하이데거적인 해석으로부터 시를 빼내와야 한다. 그리고 이 경우 긍정적인 결정 요인이 되는 것은 횔덜린과 파울 첼란[1]이다.

---

1 Paul Celan, 1920~70: 루마니아 출신의 유대계 독일 시인으로, 제2차 세계대전 중에 가족은 강제수용소로 끌려가 사망했고, 본인은 가까스로 탈출하여 살아남았다. 전쟁이 끝난 후에는 독일로 돌아가지 않고 프랑스 시민권을 얻어 파리에 정착했으나, 살아남은 자의 죄의식으로 고통스러워하다가 센 강에서 투신자살했다.
첼란은 횔덜린과 더불어 하이데거가 시의 본질을 구현한다고 주목한 시인이었으나, 정작

고인이 된 우리의 친구가 매우 정확한 횡단을 한 것에 찬사를 보내자. 물음들이 광범위해질 때마다 그는 언제나 그것들을 완벽하게 한정된 장소들에, 하나의 과제에, 하나의 문장에, 거리가 먼 작가들 간의 놀라운 연결에, 하나의 에피소드에…… 할당한다. 그리고 그는 절제된 수단들과 사려 깊고 확신에 찬 태도로 그러한 것들이 시간과 공간의 장소이며, 우리가 물음에 집중할 수 있는 세계의 산문들에 대한 단편이라고 우리를 설득한다. 이 가운데 특히 어려운 과제들 중 하나이자 그가 품은 주요한 철학적 욕망은 하이데거로부터 횔덜린을 빼내는 것이었다. 이 강력한 해석학으로부터, 역설적이게도 결정적인 특정한 관점으로부터 횔덜린을 구해내는 일은 이 시인을 최초로 발견하는 일과 맞먹는 것이었다. 횔덜린을 두 번째로 발명하기. 그것이 라쿠-라바르트의 수난에 붙일 수 있는 명칭들 가운데 하나다. 그리고 다른 한편에는 텍스트에 기입된 하나의 에피소드가 있다. 첼란의 시 「토트나우베르크」(Todtnauberg)에 암호화되어 있고 말해진 것을 이해하고 말하기. 우리가 알고 있는 것처럼, 「토트나우베르크」는 하이데거와 첼란의 만남에 대한 결산이다.[2] 이 시에 대해서 라쿠-라바르트는 그것이 결코 한 편의 시가 아니

그의 저작들에서는 단 한 번도 언급하지 않았다는 점에서 많은 의문을 낳았다. 또한 하이데거와 첼란은 몇 차례 만남을 가졌으나, 나치와 협력했던 과거 행적에 대한 하이데거의 침묵으로 인해 두 사람의 관계는 오래 지속되지 못했다.

2 하이데거의 요청으로 첼란은 1967년 7월 25일 슈바르트발츠의 토트나우베르크에 위치한 하이데거의 통나무집을 방문한다. 원래 일정은 통나무집 방문과 함께 첼란이 요청한 늪지대 산책이 있었으나, 전날 내린 비로 늪지대 산책은 취소된다. 그로부터 며칠 후에 첼란은 시 한 편을 하이데거에게 보내는데, 그 시가 「토트나우베르크」(Todtnauberg)다. 첼란은 이 시를 통해 하이데거에게 일종의 진실한 대화를 요청했으나, 하이데거는 형식적인

라 산문이 되고 있는 것이라고 그리고 바로 거기서 시작(詩作, poésie)의 경험과 형상화의 의지로 인한 시의 몰아세움(l'arraisonnement)[3] 사

감사의 편지만 보냈을 뿐 응하지 않았다. 다음은 시의 전문이다.

아니카, 눈 밝음 약초,
별 모양이 장식된 우물에서
취하는 물 한 모금

그
산장 안
그 책 속에
―어떤 이름들이
내 이름 앞에 쓰였을까?―
그 책 속에 적어 넣는
한 사색가의
마음에 담긴
한마디 말을
오늘, 듣기를
소망하는
글

고르지 않은, 숲의 풀밭
여기, 저기, 홀로 핀 야생 난초들,
이후로도, 뚜렷한,
차 안에서의 서먹함,

우리를 태우고 가는 사람,
그 또한 그것에 귀 기울이네,

절반의―
걸어간 통나무길 너머―
늪지대로 가는 좁은 길

축축함
가득한.

3 독일어 das Gestell에 해당하는 하이데거의 용어다.

이의 극단적인 분리가 모든 형태를 넘어서 경유해간다고 말한다. 이러한 경유를 이해하는 것은 괴물성을 지탱하는 것과 관련한 시적인 예외를 이해하는 것이다. 그리고 이 모든 것이 라쿠-라바르트의 다른 두 핵심 저서들의 요지를 이룬다. 첫 번째 저서는 최근 수십 년간 발표된 텍스트들 가운데서 가장 놀라운 텍스트인 「사변적인 것의 휴지(休止)」(La césure du spéculatif)가 실려 있는 『근대인들의 모방』(L'Imitation des modernes)이다. 여기에는 결코 보다 덜 급진적이라고 할 수 없는 「횔덜린과 그리스인들」(Hölderlin et les Grecs)도 들어 있는데, 이 텍스트는 철학과 연극과 시의 서로 연결된 운명들을 탐구하는 사람이라면 반드시 읽어야 할 성서 같은 것이라고 할 수 있다. 그리고 두 번째는 『경험으로서의 시학』(La Poésie comme expérience)으로 첼란의 진가가 드디어 제대로 평가되어 있는, 고독하고 고뇌에 찬 저서다.

나는 이 자리에서 캘리포니아에 머물 때 라쿠-라바르트의 부음 소식을 듣고 장-뤽 낭시에게 써 보낸 것을 다시 언급하면서 설명을 덧붙이고 싶다. 그때 나는 이중의 애도를 느꼈다. 그에 대한, 그가 우리에게 충직하면서도 심오하게 전해주었던 모든 것에 대한 애도. 그리고 그가 우리에게 아직까지 전해줄 수 없었던 것에 대한 애도. 왜냐하면 잔인하게도 그는 자신의 본질적인, 위로할 길 없는 슬픔이 물음들의 빈터와 벌이는 대결 속으로 파고들 때마다 이런저런 방식으로 방해를 받았기 때문이다. 한마디로 감당할 수 없는 슬픔이 찾아올 것만 같은 가상의 슬픔이 직접적인 슬픔 위에 덧붙여졌다.

라쿠-라바르트가 끊임없이 매달렸던 것은 바로 이런 물음들의 도래다. 그가 약속을 미루거나 한없이 연기하는 그런 사람이라는 뜻은 결코 아니다. 오히려 그는 투명한 조약돌을 잔잔한 물속으로 던져 넣는 것처럼, 거의 독단적이라고 할 만큼 분명한 문장들과 단정적이고 예리한 공식들을 미래로 던져 넣었다. 이러한 진술들, 이러한 공식들은 여전히 자신들의 완벽한 주변, 자신들의 미묘한 정당성, 자신들의 실험적인 거점을 갖고 있지 않다. 하지만 그것들은 언젠가는 자신들의 사유와 글쓰기의 경험을 불연속적이고 엄격한 방식으로 펼쳐낼 것이다. 두 번째 애도는 어쩌면 그에게서 박탈된, 우리가 결코 이해할 수 없는 것을 향한, 기투(企投)가 막을 내리는 죽음의 효과로 인해 깨어나고 되돌아오며 그리고 버림받은 이러한 선고들에 의해 덮쳐오는 것으로서, 생생한 기다림으로 남아 있는 것이다. 우리는 이 자리에서 그것들의 진리가 이제부터는 직접적인 문맥을 벗어나는 하나의 명백함으로 한정된다 할지라도 몇 가지 것들을, 라쿠-라바르트의 '언급들'을 인용해보려 한다.

『근대인들의 모방』: "비극은 모방 가능한 것의 몰락과 함께 시작된다." "그리스를 다시 시작한다는 것, 그것은 더 이상 결코 그리스인이 아니라는 것을 의미한다." "하이데거의 정치적 잘못은 비극을 포기한 것이다." 그리고 적어도 오늘날 우리가 우리 내면의 고통으로부터 읽어낼 수 있는 문장은 바로 이것이다. "신은 죽었다. 번역하자면, 신은 바로 나다."

『경험으로서의 시학』: "시가 이야기하고 말하는 것은 시로서의 자신으로부터 뽑아낸 것이다." "시학은 예술에 대한 해석이다." "모든 시는 언제나 너무나 아름답다, 심지어 첼란의 시들조차." 그리고 오늘날 독특한 울림을 예술에 전달하는 또 다른 문장은 이것이다. "예술의 종언 이후의 예술은 현시(présentation)의 고통을 보여준다. 그것이 즐거움 자체일 수도 있다."

『무지카 픽타: 바그너의 형상들』: "어떤 미학이나 예술적 실천도 자신이 정치로부터 순수하다고 선언할 수 없다." "바그너의 음악은 형상적 음악이다." "집요하게 예술과 정치를 함께 분절하고 접합(또는 재접합)하려고 시도하는 이 장소로 [가는 것이 우리의 임무다]. 이러한 종교의 개념처럼 형상도 파괴되어야 할 것으로 남아 있다." 그리고 마지막으로 라쿠-라바르트가 바그너에 관해 비난했던 모든 것들과 반대로, 그를 그의 적대자들과 동일시하게 만들고 우리를 이 사악한 마법사의 후계자와 동일시하게 만드는 문장이 있다. "바그너의 작품은 자신의 후손에게 불가능한 임무를 남겨주었다. 완성된 것을 계속 해 나가라."

사유의 미래를 향해 던져진 이 수많은 언급들 가운데서 무엇보다 그의 심중에 있었던 것이자 내가 기억해야 하는 단 하나의 것이 있다. 그것은 내가 여러 차례 인용했던 것으로 우리 역사의 순수한 현재 속에서 용인하기 어려운 만큼이나 또한 명백하고 폭력적인, 하나의 경고처럼 울려 나오는 다음과 같은 것이다. "나치즘은 휴머니즘이다."

우리가 동의하든 그렇지 않든 그것은 "완성된 것을 계속 해 나가라"는 바그너적인 도박과 관계된다. 나는 바로 이런 바그너의 언급에 대해 그에게 응답하려고 노력해왔다. 바그너에 맞서 이 위대한 예술을 지탱하는 신화, 그의 시원적 파시즘이 아닌 것을 주장하는 일은 하이데거의 구상적인 의지 안에 포획된 횔덜린이 아닌 것을 주장하는 일만큼이나 확신할 수 없는 것이다. 그리고 사실상 바그너의 실제 목적지는 여전히 유보 상태이고 일련의 기나긴 방향 전환 이후에도 여전히 우리 앞에 놓여 있다. 한마디로, 역사적 건설을 위한 변질된 받침대들로 하이데거가 횔덜린과 긍정적 관계를 맺었다면, 라쿠-라바르트는 바그너와 부정적 관계를 맺는다. 따라서 그가 앞을 향해 던져놓은 투명한 조약돌들이 가리키는 길을 뒤따르면서, 그가 응답하려 했을 길을 뒤따르면서, 우리는 거리를 유지하면서도 투명하고 심오한 우정 속에서 서로의 논쟁을 계속 해 나갈 것이다. 하지만 그는 죽었고, 그래서 오늘은 그가 우리에게 전해준 것들에 대해서, 이 논쟁에 대해서 그리고 증여 그 자체의 비밀처럼 덤으로 그가 우리에게 건넸을지 모르는, 단호하면서도 우정을 담아 그가 부추겼으나 일어나지 못한 싸움들과 그 밖의 모든 것들에 대해 애도를 표하는 것으로 충분할 것이다.

13
질 샤틀레
Gilles Châtelet, 1945~99

그의 걸음걸이를 망각하는 것이, 텍스트 뒤로 남겨두는 것이 가능할까? 복잡하면서도 갈구하는 듯한 그의 문체를 사변적인 투기장으로 비스듬히 진입하는 유보적이면서도 포식성 동물과도 같은 그의 방식과 관련짓지 않는 것이 가능할까? 나는 그렇지 않다고 생각한다. 이 콜로키움에 부쳐 나는 다음과 같은 것을 말하고자 한다. 샤틀레의 문체는 평범한 에세이스트의 문체가 아니다. 하물며 인식론자의 문체는 더더욱 아니다. 인식론자는 과학을 과학의 역사로 그리고 과학의 역사를 철학과 별개인 대상으로 바꾸면서 과학적 생명력을 통한 철학의 이해를 순진하고도 단순하게 살해하는 자이다. 샤틀레라면 아마도 다양한 형태를 취하면서 이렇게 말했을 것이다. "인식론자들을 향해 발포하라!" 이는 "철학이여 영원하라!"를 말하는 또 다른 한 가지 방식이다. 그는 아마도 이렇게 말했을 것인데, 왜냐하면 그는 수학자이자 물리학자, 역

사학자이자 철학자였기 때문이다. 하지만 또한 불가분한 다른 점에서
도 그는 이렇게 말했을 것인데, 왜냐하면 그는 비극적이게도 동성애자
였고 또한 우울하게도 병자였기 때문이다. "너무나 명백한 호모"라고
스스로가 표현했던 것처럼 그리고 병자에게는 개념의 삶이 또한 죽음
과 맞서는 사유의 질주인 것처럼, 그는 자신의 내면에서 느꼈던 본능
에 따라서 그렇게 말했을 것이다. 그리고 스스로가 변증법적인 것이라
불렀던 과학과 철학 사이의 가역적이면서도 가냘픈 관계를 엮어가면
서 그는 "인식론자들을 향해 발포하라!"라고 말했을 것이다. 과학의 세
밀한 아장스망[1]에 가까운 자연철학의 약동을 복권하려는 원대한 계획
을 가지고 그랬을 것이다. 왜냐하면 "인식론자들을 향해 발포하라!"는
무엇보다 사유, 즉 과학적 사유가 신체가 지니는 몸짓의 능력 속에 사
로잡혀 있다는 것을 의미하기 때문이다. 그리고 그것은 최종적으로 헤
겔 또는 프리드리히 셸링(Friedrich Schelling)이 규범으로 확립했던 사변
적인 불후성을 이러한 몸짓의 능력이 요구한다는 것을 설명해준다. 우
리는 가장 미세한 몸짓, 가장 세밀한 수학적 글쓰기에서 존재하는 것의
보편적인 유동성으로 나아가야 한다. 이것이 바로 우리가 — 지독한 오
용이 될 수도 있겠지만 — 샤틀레의 텍스트와 그의 신체가 지니는 독특
한 함축성을 또는 그의 목소리가 지니는 비꼬는 듯한 조소를 갈라놓을
수 없는 이유다. 이 신체와 이 텍스트 사이에는 권총을 발사하는 자이

---

1 agencement: 들뢰즈 철학의 핵심 개념들 가운데 하나다. 서로 다른 두 가지 이상의 것들이
보다 역동적으로 서로를 변화시키게 되는 재배치나 재결합을 의미한다.

164

면서 동시에 레이스를 뜨는 자의 문체가, 그런 스타일이 존재한다.

또한 우리는 그의 존재 방식과 사유 방식 안쪽에 들어 있는 것, 샤틀레를 지치게 만들었던 것이 지나치게 신체와 이접된 실존, 즉 움츠린, 지나치게 움츠린, 지나치게 변증법적이지 않고 글을 써 내려갈 힘과는 너무 거리가 먼 그런 자신에 대한 근심이었다고 가정해볼 수 있다. 가혹한 비극들과 황폐한 고갈은 그의 신체를 글쓰기의 능력으로부터 떼어놓았다. 그래서 이러한 분리를 절정에 이르기까지 밀어붙여야 했다. 비워버려야 했다. 나는 몹시도 심사숙고했던 이 조용한 이접이 충실하게 낭만적인 의미에서 다음과 같은 것이라고 말하겠다. 신체는 더 이상 사유와 함께 생생한 긴장감을 유지할 수 없다는 점에서 소멸되어야 한다. 그렇다, 신체는 변증법적인 불가피성으로 인해 비워져야 한다.

그렇다면 우리는 일종의 출발점으로서, 하나의 삶과 하나의 죽음에 경의를 표하면서, 그에게 변증법이 무엇이었는지 자문해보도록 하자. 『동력의 쟁점들』(Les Enjeux du mobile)에서 그는 정확히 이렇게 정의한다.

변증법은 이미 존재하는 대립된 두 가지 항들의 종합적인 중립화가 아니라 '변(邊)들'처럼 돌발적으로 나타난 것들의 기다란 차원이 펼쳐지는 분절에 대한 발견이다.

'분절'이라는 낱말은 샤틀레의 주인-기표들(signifiants-maîtres) 가운데 하나다. 그것은 이원성에 대한 모든 결정에 선행되는 것으로 어떤 작용에 대한 능동적인 통일성을 가리킨다. 게다가 변증법은 "둘은 하나로 경감된다"가 아니라 "하나는 스스로를 둘로 나눈다"이다. 그런데 여기서 일자(一者)는 하나와 둘의 분리 이전에 여전히 그 자신으로 남아 있는 분절의 잠재된 작용으로 펼쳐진 하나의 차원이 아니라는 것을 이해해야 한다. 변증법은 개념들의 이원화된 연속성이 결코 아니다. 변증법은 스스로 분절하는 어떤 공간의 분극화다. 이것이 샤틀레가 왜 끊임없이 매혹(attraction, 인력)과 반감(répulsion, 척력), 즉 전기적인 극성과 선별적인 친화력을 지닌 자기장에 사로잡혀 독일 낭만주의의 자연철학으로 돌아가야만 했는지 그리고 돌아갈 수 있었는지에 대한 이유다.

따라서 우리가 그를 이해하기 위해서는, 과학이 자기 본연의 풍요로움을 작동시키고 창조해내며 펼쳐내는 그런 순간에 대한 핵심적인 직관으로 돌아가야 하는 것처럼, 언제나 이런 차원과 분절과 이원성의 역동적인 도래의 복합체로 돌아가야만 한다. 그리고 예시들에 가까운 것을, 오렘(Nicole Oresme)의 도식과 그라스만(Hermann Günther Grassmann)의 사각형, 푸아송(Siméon-Denis Poisson)의 가상적인 절단들 또는 아르강(Jean-Robert Argand)의 측선(側線)에 대한 작업들과 매우 유사한 것을 만들어야 한다. 이런 학술적인 인접성은 어떤 과학의 역사도 구성하지 않는다. 그것은 단지 과학적인 사유의 몸짓을 사유하려 할 뿐이다. 샤틀레는 현존하는 과학의 바깥으로는 결코 나가지 않으려는 끊임없는 의지를 가지고 있었다. 그의 목적은 가르침을 받거나 무엇인가를 부과받을 때가 아니라 홀로 자신 안에 있을 때 자신의 것이 되는 그런 몸짓들과 지식의 내밀성을 재발견하고 글로 쓰는 것이었다. 그리고 '자신 안에 있는' 과학의 이런 내밀함은 바로 사유의 삶으로서의 변증법이었다.

　그래서 당연히 샤틀레의 위대한 논쟁, 저주를 퍼붓는 듯한 분노는 죽음에 대한 모든 역량들이나 부동성에 대한 모든 저속한 나열들과 대립한다. 선동가로서의 대중적 성공이 그의 핵심적인 작업을 은폐해버린 것은 틀림없이 안타까운 일이다. 선동은 오해와 비슷해질 때가 있다. 우리 모두가 기뻐하는 이런 성공이 그럼에도 불구하고 상당히 오랫동안 우리 친구에게 내면의 역량을, 기쁨의 원천을 제공하지 않았으며, 오히려 논쟁의 격렬함이 이미 낭만적인 변증법의 필수적인 구성 요소임을 더 이상 감출 수 없게 되었다는 것을 유의해야 한다. 왜냐하면 개념들의 창조적인 펼쳐짐이 지닌 내밀함에 도달하기 위해서는 공간에 대한 이해에서와 같이 시간에 대한 이해 속에서도 거짓 조화들과 쉼 없이 싸워야 하기 때문이다. 만약 당신이 분절과 분극화를 촉진하고자 한다면, 분리와 연속이라는 두 가지 주요한 적들을 물리쳐야 한다. 분리를 물리치기 위해, 샤틀레라면 아마도 정신적인 욕설들에 관한 풍부한 목록들을 동원하면서 "긍정과 부정의 사나운 맞대결"이라고 또는 "부분들의 병렬에 대한 조악한 직관들"이라고 말했을 것이다. 연속과 맞서기 위해서는 "과도기적이고 공간적인 것의 예속"이라고 그리고 단도직입적으로 "연속적인 것의 진부함"이라고 비난했을 것이다.

　우리는 우리의 내부와 외부에서 정리와 정렬, 조화라는 편의들을 근절할 때만 운동의 내밀함에 접근할 수 있다. 우리는 여기서 **부분 밖의 부분(le partes extra partes)**이라는 데카르트적 연장과 대립하는 베르그송 또는 들뢰즈를 알아볼 수 있다. 시간적인 뒤얽힘은 공간적인 늘어남을 능가하고, 비교환적인 것은 조화를 능가하고, 주름은 병렬을 능가한다. 만일 우리가 이런 것을 알고 있다면, 만일 우리가 논쟁의 역량과 탐구의 섬세함을 실행한다면, 우리는 모든 변증법적인 이원성이 접히고 분절되고 분극화된다는 것을 알게 될 것이다. 우리는 — 그리고 이것이 최고의 표현인데 — "둘은 하나의 에워쌈과 가차 없이 뒤엉켜 있다"는 것을 알게 될 것이다. 그리고 그에 대한 보답으로 우리는 셸링이 분절의 '다정함'이라고 칭했던 것을 얻게 될 것이다. 이런 점에서 샤틀레는 자신의 가장 놀라운 능력으로 추상적인 발명들을 엄격함에 양보하지 않고 시로 솟아오르게 만드는 능력을 갖추고 있다. 사유가 비결정성을 새로운 방향 전환으로 변화시키는 내밀하고 강렬한 지점들을, 과학적인 직관이 두 갈래로 갈라지는 오솔길이 되는 계기들을 우리에게 보여주는 이런 순간들은 언제고 영원히 계속될 것이다.

예를 들어, 그라스만에 의해 제시된 비교환적인 대수학(代數學)의 변증법적 덕목들에 대한 놀라운 증명을 들 수 있다. 비대칭성 덕분에 일종의 내용의 기하학은 문자적인 불연속성에 사로잡히게 된다. 그리고 수학자가 창조적으로 새로운 동력학을 낚아챌 수 있도록, 문자는 자신의 대수학적인 엄격함을 잃지 않은 채 스스로 기하학적인 것 그리고 춤추는 것이 된다. 이를 인용해보면 이렇다.

문자들의 자유로운 춤을 순환들이 스스로 변형될 수 있는 연속체와 연결함으로써 기하학은 운동성을 지닌 형태들을 획득하게 된다.

168

운동성을 지닌 형태들을 획득하는 것과 운동의 기하학을 창안하는 것은 당연히 대수학의 한 가지 격률이다. 그리고 또한 우리가 느낄 수 있는 것처럼, 삶의 격률이다. 그것이 아마도 샤틀레의 사유가 취했던 모든 원대한 방향들이었을 것이다. 이 방향들은 과학적인 창조의 사례들에 대한 박식한 섬세함에도 부합하지만, 또한 살아 있는 신체의 기질에도 마찬가지로 유효하다. 왜냐하면 낭만적인 변증법은 바로 어떤 관념이 방향을 결정하는 순간, 자신의 몸짓을 빛내주는 바로 그러한 신체이기 때문이다.

나는 이 자리에서 우리의 친구가 전개했던 사유 속에 들어 있는 다섯 가지 핵심적인 격률들을 되짚어보고, 신체의 삶이 지니는 가능한 넓이와 그것들을 연결해서 보여주고자 한다. 한마디로 요약하면 왜 샤틀레는 인식론자가 아니었는지를 보여주고자 하는데, 왜냐하면 그에게 과학에 관한 모든 명제들은 삶에 대한 하나의 격률로 전환될 수 있기 때문이다.

1. 가장 먼저 그에게는 사변적인 확신보다 훨씬 더, 과학철학의 위상보다 훨씬 더 중요한 하나의 모티프가 있다. 그것은, 내가 이를 말할 수 있다고 믿어본다면, 하나의 실존적인, 게다가 정치적인 확실성이다. 왜냐하면 사유가 신체에 뿌리내리고 있다는 것 자체가 낭만적인 변증법이기 때문이다. 신체는 역동적인 공간성으로 이해된다. 에드문트 후설(Edmund Husserl)이 기하학의 선(先)술어적이고 필수적인 기원을 찾아낸 곳에서 샤틀레는 곧바로 이렇게 말한다. "사유의 기하학적 기원이

라는 것이 존재한다." 모든 사유는 하나의 공간과 하나의 몸짓이 만들어내는 매듭이고, 또한 하나의 공간이 만들어내는 몸짓의 펼침이다. 이러한 모티프에 상응하는 삶의 격률은 다음과 같이 작성될 수 있다. "당신의 신체에 정의를 되돌려주는 공간을 펼쳐라." 축제의 밤들에 대한 샤틀레의 사랑은 이 격률을 따른 것이다. 이러한 사랑은 보기보다 훨씬 금욕적인데, 왜냐하면 쾌락을 위한 밤의 공간을 구축하는 것은 적어도 동의를 구하는 것과 마찬가지의 의무를 지우기 때문이다.

2. 사유의 기하학적 기원은 모든 현실화 가운데서, 게다가 모든 문자화 가운데서 분절의 가상성을 식별해낼 때만, 그것이 그 안에서 펼쳐짐의 원리가 될 때만 발견될 수 있다. 기하학은 데카르트적인 의미의, 외재적인 연장의 학문이 아니다. 그것은 변형의 몸짓과 같은 것, 고유하게 신체적인 가상성을 추출해내고 조밀화하는 하나의 원천이다. 그렇기 때문에 우리는 그것을 일종의 공간의 내재성으로, 사유하는 몸짓이 촉발하면서 동시에 동반하는 변이에 내재하는 하나의 덕목으로 생각해야 한다.

생명의 차원에서 이번 경우에는 고독과 내재성이 어쩌면 안타깝게도, 이타성과 외부 세계의 내밀한 본질일지도 모른다는 것을 주목해야 한다. 샤틀레는 수많은 사람들과 알고 지냈지만, 이런 표면적인 산포 속에는 상당한 정도의, 거의 죽음에 이르게 할 만큼의 고독과 은둔이 들어 있었다.

3. 잠재적인 연속성은 언제나 불연속적인 절단보다 훨씬 중요하다. '단절들'의 알렉상드르 쿠아레(Alexandre Koyré)와 '혁명들'의 토머스 쿤

(Thomas Kuhn), 반증 가능성의 카를 포퍼(Karl Popper)와 임레 러커토시
(Imre Lakatos)가 불연속성의 사도들이라면, 샤틀레는 이 분명해 보이는
논쟁들 저편에서 통일성을 감지한다. 그렇기 때문에 그는 사유를 국지
화하는 다른 방식으로 대결하려 한다.

'관념들의 역사'가 서로 다른 두 개의 리듬으로 노래되는 것은 이
때문이다. 하나는 완전히 불연속적인 '절단들'과 '패러다임들'의 리듬
과 그것들에 대한 논박들이고, 다른 하나는 자신들을 깨워줄 이를 위해
언제나 재활성화될 채비를 하고 있는, 보물들로 가득한 문제적인 잠재
성들의 리듬이다.

사유의 역사는 샤틀레에게 이미 실행된, 이미 시대구분이 끝난 것
이 결코 아니다. 사유는 시간적인 연속성 속에 잠들어 있다. 시간의 주
름들 속에는 오직 재활성화될 수 있는 단독성들과 창조적인 가상성들
만이 존재한다.

이번의 삶의 격률은 이런 것이다. "잠들어 있는 너의 유년기를 재
활성화해라. 누구도 의심할 수 없는 너만의 고유한 아름다움의 군주가
되어라. 너의 가상성을 작동시켜라." 실존의 차원에서 우리는 유물론을
가상적인 것의 메마름이라고 부를 수 있다. 이런 유물론에 대해서 샤틀
레가 복원하기를 바랐던 것은 유년기의 역량이 지니는 낭만적인 관념
론이다.

4. 모든 가능한 분리의 모호성을 보유하고 있는 '무차별의 중심들'
속에서 존재는 스스로를 사유에게 — 과학적 사유이든 철학적 사유이
든 그것은 결국 하나다 — 드러낸다. 이런 변증법적 모호성은 언제나

자신의 궤도를 확정하고 그리로 나아갈 수 있을 것이라고 여기는 공간적인 명증성의 탈주에 의해 알려진다. 이런 무차별의 중심들, 이런 가역적인 장소들, 이런 출렁거림의 지점이 바로 분리하는 오성과 융합하는 직관이 사유의 역설적인 강도 속에서 만나는 곳이다. 우아한 불확실성 속에 존재하는 것이 무엇인지를 "오성과 직관 사이에 새로운 협정을 조인하는 최고의 모호성의 지점"보다 더 잘 게시하는 것은 없으며, 더 잘 폭로하는 것은 없다.

이번에는 이렇게 말할 수 있을 것이다. "모호성의 댄디(dandy)가 되어라. 설령 그것이 너를 파괴할지라도, 너의 질서를 탈주시키는 것만을 사랑하라."

5. 최상의 사유 구성은 항상 관통의 축과 측선성(側線性)의 축에 의한 조합의 결과이며, 두 가지 축은 직각을 이루는 축에 의해 배열되기 때문에 그것의 순수한 측선성에 저항한다. 오직 이러한 장치(축의 '직선적' 힘과 측선성의 배열된 저항)만이 다수 또는 다양성을 파악할 수 있다. 다수란 무엇인가? 결국 사유하는 자에게 다수는 선형적인 것이 측선성에 의해 변형된 산물이다. "연장의 포획"(capture de l'extension)에 대한 그라스만의 제안에 대해 샤틀레는 이렇게 썼다.

연장의 이론은 연속적인 다양체(多樣體)들의 탄생에 대한 제어를 시도했다. 이 다양성은 연장 속에 들어 있는 분산된 덩어리들의 다양성으로 인정되기보다는, 다양성을 산출해야 하는 일관된 변형으로, 그런 시스템을 만들어내는 것으로 이해되어야 한다. 따라서 이러한 모호성은

172

추이성(推移性)들(transitivités)에 대한 가장 단호하고 가장 수직적인, 시(詩)적인 추진력을 요구하며, 형식을 절단하고 노출시키는 가장 높은 수준의 몸짓을 촉발한다.

우리는 이로부터 다음과 같은 것을 알 수 있다. 하나의 사유는 가장 저항적인 측선성의 과감하고도 몸짓 같은 처방을 통해 "연속적인 다양체들"의 생성을 지배한다. 존재에 대한 파악은 의미의 단일성이 집결된 늘어놓기나 현전(現前)을 소집하지 않는다. 그것이 소집하는 것은, 아마도 가장 중요한 표현일 텐데, 차원들의 변증법적인 환원 불가능성이다. 이런 점에서 사유는 비록 샤틀레가 다른 것들과 마찬가지로 세심하게 문자와 순수대수학의 필요성을 상기시키고 있다 하더라도 기의적인 구성에만 일방적으로 헌신하지는 않는다. 하지만 사유의 궁극적인 쟁점은 거기에 있지 않다. 그것은 차원을 파악하는 능력 속에 있다. 이를 위해서는 문자의 권력을 초과하는 표기법들을 창안해야 한다.

이 점과 관련해서 낭만적인 관념론은 우리의 실존의 의미가 아니라 그러한 차원들의 정당성을 찾아내야 함을 우리에게 가르쳐준다. 살아간다는 것, 그것은 실존한다는 것의 알 수 없는 차원들을 창안해내는 것이며, 그렇기 때문에 랭보가 말했던 것처럼 "현기증을 고정시켜라"[2]

---

2 fixer des vertiges: 랭보의 시집 『지옥에서의 한철』(*Une Saision en enfer*)에 실린 「착란 II — 언어의 연금술」에 나오는 표현으로, 관련 내용은 다음과 같다. "그것은 우선 하나의 연습이었다. 나는 침묵들에 대해, 밤들에 대해 썼고, 표현할 수 없는 것을 옮겨 적었다. 나는 현기증들을 고정시켰다."

이다. 결국 우리가 샤틀레의 죽음에 대해서뿐만 아니라 삶에 대해서도 기억해야 하는 것은 우리가 현기증을 필요로 한다는 것이며, 또한 우리가 그것의 형식, 말하자면 그것에 대한 고정을 필요로 한다는 것이다.

낭만적 변증법이 합리성 자체의 중심에서 찾아내려 했던 것은, 합리성이 발명품, 즉 천부적인 역량의 단편으로 이해될 정도로까지 찾아내려 했던 것은, 바로 이런 현기증이다. 그렇다, 샤틀레는 "오성이 흔들리는 그런 장소들, 가장 철회 불가능한 결정을 요구하는 가장 높은 불확실성에 도달한 무관심성의 중심들"을 찾는 것을 멈추지 않았다. 모호성과 현기증, 출렁거림의 변증법을 구축하는 것, 이것이 아마도 가장 명백한 샤틀레의 철학적 기여일 것이다. 망설이기 위해서가 아니라, 이와 반대로 실재적인 비대칭이, 철회 불가능한 결정이 존재함을 증명하기 위해서.

그리고 확실히 우리는 모호한 것과 결정, 무관심, 철회 불가능성의 이러한 상관관계 속에서 샤틀레의 혈통을, 사변적인 계보학을 알아볼 수 있다. 우리는 아주 오래된 고전 시대의 암흑을 향해서 열려 있는 가계도를 그리는 것처럼 이를 보여줄 수 있다.

1. 과학 속에서 기능의 다의적이고 창조적인 풍부함과 지시의 차원 속에서 혼돈스러운 가상적인 것의 투과를 찾으려 한 들뢰즈.

2. 직관의 직관, 예술과 과학 사이에 놓여 있는 소통과 모호성의 지대를 사유하려 했던 셸링. 지나치게 형식적이고 지나치게 추론적이며 지나치게 포괄적이고 지나치게 자기 확신적이라는 점에서 헤겔의 개념

174

을 거부했던 셸링.

3. 잠재태로서의 힘에 대한 사상가이자 "연속성의 미로"에 대한 이론가, 감각할 수 없는 분기들과 서로 경합하는 측선성들의 특징을 지닌 사람, 라이프니츠. 데카르트의 **부분 밖의 부분**과 대결을 벌이는 라이프니츠.

4. 역량으로서의 역량에 대한 사유의 필요성을 발견하고, 가상적인 것, 즉 아직은 전혀 존재하는 것이 아닌 것에 자신의 모든 노력을 쏟아붓는 아리스토텔레스. 자연적 역동주의, 환원 불가능한 단독성, 물리적 존재의 펼침과 최초의 특질로서의 운동에 대한 아리스토텔레스. 플라톤적인 관념성이 주장하는 고정된 현실태와 대결을 벌이는 아리스토텔레스.

하지만 이 모든 것은 궤도를 달리다 이탈하는 것처럼 낭만적인 변증법의 스타일로, 유쾌하고 단호하지만 또한 상세하면서도 미로 같은 스타일에 의해 일종의 폭발하는 추상 작용으로 다시 취해진다. 그것은 시간과 공간의 난폭한 이접을 전제로 하는 이마누엘 칸트(Immanuel Kant)의 초월적인 미학에 대한 태도를 무너뜨리고자 하는 본질적 욕망에 의해 고무된다. 그것들의 상대적이고 필연적인 상관관계와는 별개로, 샤틀레가 현대의 대수기하학과 더불어 역동적인 시스템 이론에 기대면서 요청하는 것은 우리가 겹주름들의 공간 속에서 그것을 '몸짓화'하는, 그래서 시간화하는 무관심성들과 결절들을 포착해야 한다는 것이다.

하지만 다시 한 번 동시대의 상거래 공간에서 시간화의 원천을 찾아내거나 구출하는 것, 다시 말해 사유된-신체(corps-pensée)의 어떤 몸짓이 아직도 가능한 곳이 어디인지를 알아내는 것은 샤틀레의 비(非)인식론 뒤편에 놓여 있는 가장 긴급하고도 핵심적인 질문들이다.

아리스토텔레스를 들뢰즈로 유통시켰던 것처럼 비교환적인 대수학의 다이어그램을 파동역학의 수목형(樹木形) 그래프(arborescence)[3]로 유통시키려 했던 그런 사람의 유파가 되는 것, 그것이 절대적인 물음이자 위급한 물음, 무차별적인 것과 철회 불가능한 것을 사실상 통합하는 물음, 즉 유일한 물음이다. 공간 속에서 몸짓의 소리를 듣는 감시인의 물음은 "거기 살아 있는 게 누구요?"이다. "거기 살아 있는 게 누구요?"라고 그는 물음을 제기했으며, 스스로에게 이 물음을 제기했다. 사실을 말하자면, 그는 우리에게 여러 가지 응답들을 남겨놓았으며, 무엇보다 특히 여러 가지 응답의 방식들을 남겨놓았다. 그렇기 때문에 그에게 충실하기 위해서 우리는 선택하려고 노력해야 한다.

---

3 나무의 이미지를 차용한 수학적인 그래프를 가리키는 용어로, 들뢰즈가 제시한 리좀 형태와 달리 핵심과 중심을 가정하고 있다. 들뢰즈는 가타리와 함께 작업한 『천 개의 고원』에서 세계에 대한 철학의 이해가 하나의 뿌리에서 가지를 뻗어내는 나무의 이미지를 차용해왔으며, 이런 나무 이미지는 위계와 서열의 계통 체계를 갖고 있기 때문에 사유의 전체화를 피할 수 없다고 비판했다. 이에 대한 대안으로 들뢰즈와 가타리는 리좀으로 표현되는 구근이나 덩이줄기 같은 땅속줄기 형태의 사유를 제시했는데, 리좀형 사유는 뿌리들이 모든 방향으로 연결되고 확장될 수 있기 때문에 무한한 평등의 관계 속에서 다양성을 사유할 수 있다. 바디우는 들뢰즈의 이런 대안이 핵심이나 쟁점을 흐뜨림으로써 행위할 수 있는 역량까지 제거해버린다고 비판하면서, 샤틀레의 작업을 들뢰즈적 혼돈을 고정시키고 중심을 찾아내려는 시도로 이해한다.

14
프랑수아즈 프루스트
Françoise Proust, 1947~98

결국 그녀의 매력 속에는 어떤 엄격함이, 그녀의 경쾌함 속에는 어떤 강렬함이, 그녀의 예리함 속에는 어떤 가혹함이 있다.

그녀에 대해서 나는 이와 같은 몇 가지 기록을 적어놓은 적이 있었다. 벌써 오래전 일이지만 그렇다고 아주 오래전은 아니다. 나는 엄정함과 명료함과 신랄함을 이 기록들에다 되돌려주고자 한다.

1. 프루스트의 주요한 '고전적'인 참조점은 의심할 바 없이 칸트다. 이와 관련해서는 상당한 분량의 작업들, 즉 소개들과 출판물들, 해석들이 있다. 프루스트는 (거짓의 문제에서 진실을 밝혀내는 것처럼) 가장 논쟁적인 텍스트들에서 실제적인 쟁점을 밝혀내고, 중요한 것임에도 지금까지 거의 주목받지 못한 모티프가 전체에 대한 재편성을 가능케 하는 그런 방식으로 강조점들을 이동시키는 데 뛰어났다. 『순수이성비판』

에서 그녀가 수동적인 수용에 대한 최초의 요구를 식별해낼 때, 그것은 단지 경험적인 것이 아니라 일종의 비장한 초월성과도 같은 그 자체로 **선험적인** 것이다. 게다가 이런 모티프는 고유하게 칸트적인 것으로 할당될 수 있는 것 이상의 모티프로서, 그녀의 모든 작업을 이끄는 길잡이가 되고 있다. 그녀의 사유가 초월적인 영역의 실존을 가정하고 있는 것은 틀림없는 사실이다. 하지만 이 영역 안에 구축된 것은 인식의 질서가 아니라 의지의 질서다. 그녀의 철학적 욕망이 근본적으로 사로잡혀 있는 것은 정동 혹은 정념의 초월적 이론이다. 그래서 그녀가 파악하고자 시도했던 것에 대한 일반적인 제목을 붙여본다면, '순수정념비판'이라고 할 수 있다.

2. 하이데거가 논증했던 것처럼, 초월적 영감은 존재론적 테제들을 배제하는 것이 아니라 요청한다. 프루스트에게서도 사정은 마찬가지로, 그녀가 분신의 존재론, 존재의 애매성에 대한 존재론을 그러한 '상태'의 순수한 형식과 이 상태의 뒤집힌 이면으로서 그것을 저지하는 수동성의 활성화 사이에서 그려 나가는 것, 즉 그녀가 역(逆)존재(contre-être)라고 명명하는 것을 뒷받침하게 되는 것도 이런 초월적 영감이다. 그것을 보존하면서도 동시에 이러한 보존에 내재하는 방식으로 대립하는 것으로서의 존재의 이러한 짜임은 시간의 존재론이 문제가 되는 한 특히 그리고 확실히 해독 가능하다. 발터 벤야민(Walter Benjamin)에 대한 세밀한 독해와 연결된 세분화되고 섬유화된 시간 이론의 틀 속에서 그녀는 시간이 연속성과 불연속성의 명칭이 될 수 있으며, 동시에 자신의 보존 방식을 따라 존재하는 것에 내재하는 전개에 대한 명칭, 시간

178

속에서 불확실한 것과 비가시적인 것을 결합하는 사건적인 가격(加擊)에 대한 명칭이 될 수 있다는 것을 해명해주었다.

3. 존재와 역존재의 반변증법적인 사유를 위한 매개는 아마도 수동성과 능동성의 쌍일 것이다. 프루스트의 모든 노력이 확립하려 한 것은 실증성을, 존재의 확립된 질서를 타격의 형태로 수용하는 수동적인 정동 곁에 놓는 것이며, 그리고 이로 인해 그것의 고유한 활동을 역(逆)타격으로, 역(逆)공격으로 혹은 저항으로 규정하는 것이다. 정동이 또한 동시에 '반대의' 역량이 되는, 저항의 불패성에 대한 이성적 장치를 찾아내는 것은 그녀를 스피노자 곁으로 인도했는데, 우리가 알고 있는 것처럼 스피노자의 모든 탐구는 모순 이론이나 부정성 이론에 기대지 않고 실체의 능동적 측면인 **능산적 자연**(la natura naturans)과 수동적 측면인 **소산적 자연**(la natura naturae)을 결합적으로 사유하려는 것이다. 스피노자에 대한 그녀의 독해는 사실 들뢰즈와 푸코가 독해했던 니체를 경유해서 이루어진다. 왜냐하면 일단 존재가 무엇보다도 역량이라고 받아들여지게 될 때 발생하는 근본적인 문제는 능동적인 힘의 측면만을 단일하게 지닌 존재와는 거리가 먼 창조와 발명, 새로움 등이 반작용의 힘이 활성화되는 곳에서 찾아지기 때문이다. 이런 활성화에 대한 세밀한 분석들은 출발 지점(세계의 참을 수 없음에 대한 분개와 분노, 수동적이지만 또한 과감한 수용)과 자세한 매뉴얼을 동시에 제시해주는데, 우리는 여기서 작용의 규칙들을 빗나가게 하는, 가장 극단적인 운동성과 가장 안정된 부동성을 결합하는 그리고 자신의 구성 요소들을 분산시키거나 분해할 수 있는 기존 역량에 대한 지배를 목적으로 하지

않는 그런 저항의 계략이, 힘들의 비대칭적인 작용이 펼쳐지는 것을 볼 수 있다.

4. 프루스트는 역량과 정동에 관한 초월적 논리에서 출발해 세 가지 차원의 설득력 있는 변이들로 나아간다. 역사-정치적 차원과 관련해서 그녀는 저항이 능동적인 역사성을 해명해주는 것임을 보여주고자 하는데, 이를 통해 우리는 설사 그것이 항상 국지적이고 시점적(時點的)이라 할지라도, 이러한 저항이 '역량-존재'(l'être-puissance)의 내재적 구조이기 때문에 보편적으로 편재하는 것임을 이해할 수 있다. 하지만 또한 그녀는 정치적인 '거대 사건들' 내부에 저항이 그러한 것으로 결정화되는 지점들이 존재한다는 것을, 연속의 일반적인 과정 자체 안에 있는 당파적인 불화로 식별될 수 있는 그런 지점들이 존재한다는 것을 보여준다. 왜냐하면 역동적인 힘의 사전 설정된 도식들이 저항 자체를 붙들려고 할 때마다 거기에는 저항이 있기 때문이다. 거기에는 저항이 되려고 하는 저항이 있다. 바로 이런 점이 크론슈타트(Kronstadt) 해군들의 봉기에 대한 볼셰비키의 진압 또는 카탈루냐 무정부주의자들에 대한 정통 공산주의자들의 진압에 대한 징후적인 의미다. 전쟁과 관련해서 그녀는 방어의 최우선성에 대한 카를 폰 클라우제비츠(Karl von Clausewitz)의 위대한 분석을 파르티잔의 전쟁 이론에 대한 유산으로 계승하면서 '현실성의 극한'을 철학에 도입하는데, 이때 그녀는 치아파스에서 일어난 사파티스타 운동이 갖는 독특성을 사유한다. 마지막으로 경험과 그것을 뒷받침하는 풍부한 지식으로 둘러싸인 삶과 죽음과 관련해 프루스트는 질병에 대한 훌륭한 철학을 펼쳐냈는데, 여기에서 그

녀는 질병이 삶의 본질적인 전략적 통찰을 통해서만 사유될 수 있는 것이며, 존재의 한 가지 확실성으로서가 아니라 역(逆)존재의 불안정하고 미묘한 하나의 발명으로 접근되어야 하는 것임을 보여준다.

5. 이러한 작업이 요구하는 것은 관학적인 판단의 질서가 아니라 철학적인 평가와 토론이다. 내가 이해한 바에 따르면, 토대의 질서 속에서 작동하고 있는 모든 것은 역존재의 존재론적 물음에 대한 것이다.

분신에 대한 반복적인 이미지는 헤겔적인 의미에서의 변증법에 들어 있는 모든 출렁거림을 피하려고 한다. 하지만 능동적인 것과 수동적인 것의 결합 속에도 확고하게 자리 잡은 변증법성(dialecticité)을 그토록 쉽게 사유에서 제거할 수 있는지는 확신할 수 없다. 이러한 결합 자체는 존재를 힘의 또는 역량의 기입 속에 존재하는 것으로 사유하도록 강제한다는 점에서 문제적이며, 이러한 점이 아마도 우리가 선(先)술어적이라고 부를 수 있었던 프루스트의 첫 번째 선택일 것이다. 만일 손쉬운 이원론을 피하고 싶다면, 그렇다면 우리는 작은 물고기를 뒤쫓는 큰 물고기에 관한 첫 번째 사례가 보여주는 것처럼 어떤 힘의 능동적인 또는 수동적인 특성을 힘들의 관계에다 직접적으로 부여하면 된다. 이에 대한 결과는 들뢰즈가 명확하게 말했던 것처럼, 존재는 역량이라기보다는 관계라는 것이다. 하지만 그에 뒤따르는 문제는 저항이 본질적이거나 내재적인 힘의 특성이 아니게 된다는 점이다. 그것은 하나의 상대적인 한정이 된다. 그러나 이러한 상대성은 이번에는 저항이 실증성이 될 만한 가치를 가진다는 우리의 확신을 배제하게 되는데, 이는 프루스트가 전개하는 모든 사유에서, 특히 그것의 어조에서 명확하게 드러난다. 물론 그녀는 저항이 존재의 질서에 속하지만 존재해야만-하는 (devoir-être) 것의 질서는 전혀 아니라고 말하는 것에 상당히 조심스러워한다. 존재의 이런 부분을 유일한 것으로 선택하는 것이 그녀에게 의미 있는 것임은 전혀 놀라운 것이 아니다. 다른 방식으로 질문을 제기하는 것이 뒤따라야 한다. 저항이 지극히 드문 것이라는 또는 불안정한 것이라는 주장과 그것의 고유하게 구조적인 토대를 역존재의 내재적인 논리 안에서 어떻게 조화시킬 수 있는가? 기본적으로 그녀의 모든 의도는 엄밀한 의미에서 존재를 또는 존재의 존재와 사건을 또는 반격의 대담함에 의해 얼어붙은 수동성인 역존재의 활성화를 그것의 구성적인 이중성 속으로 융합할 수 있는, 그런 종류의 존재를 사유하는 것이다. 개인적으로 나는 정동의 논리에 의해 뒷받침되는 그러한 융합이 활력적인, 예술적인 또는 정치적인 것이라 할 수 있는 진리들의 연속성을 설명할 수 없을 것이라고 생각한다. 존재의 독트린과 관련해서 나는 프루스트와 견해를 달리하는데, 나는 그것을 공유(indivis), 즉 다수적이고 순수한 현실태라고 그리고 사건의 현실태에 대한 것이라고 생각하며, 역존재나 상태로서의 존재의 구조적인 대역(代役)이 아니라 다수의 공리들 가운데 하나에 대한 모험적인 중단이라고 생각한다.

그렇지만 무슨 상관인가? 저항하는 사유는 자신의 길을 나아가는 법칙을 발명한다.

오늘 우리는 그녀를 그리워하고 있다. 이런저런 상황에서 나는 우리가 그토록 자주 그녀를 그리워하는 것을 보아왔다. 우리가 무엇보다 그리워하는 것은 그녀의 과도함이다. 그녀의 분노가 지니는 예측 불가능성 또한 우리가 진실로 그리워하는 것이다. 아무런 중요성도 없는 하나의 실패를 향해서 그녀를 힘차게 돌진하게 만든 것은 전략적인 조급함인데, 왜냐하면 이러한 조급함만이 증명의 가치가 있기 때문이다. 우리는 사유의 지속이 그녀의 공백에 대한 하나의 회상록이 되기를 희망하면서 그녀를 읽고 또 읽어야 한다. 자신의 부재에 눈 먼 비석 위에 피어 있는 한 송이 영구화(永久花)처럼.[1]

---

1 원문은 이렇다. "Sur la pierre aveugle de son absence comme une fleur éternelle."

1. 자크 라캉

이 글은 『앵무새』(*Le Perroquet*)라는 잡지에 게재되었던 것이다. 『앵무새』는 나타샤 미셸과 내가 창립한 격주간지로서, 1980년대의 가장 흥미로운 출판물이다. 이런 찬사의 정당성은 1981년에서 1987년까지 발간된 잡지들을 모아놓은 합본호를 읽어보면 확인할 수 있을 것이다. 이 글은 라캉이 사망한 직후에 작성된 것으로, 정식 발간에 앞서 출간된 1981년 11월의 0호판에 실렸다.

나는 라캉에 관해 자주 글을 써왔다. 철학에 관한 나의 첫 번째 '대작'인 『주체의 이론』(*Théorie du sujet*, 1982)이 주요한 지표로 삼은 것도 그였다. 1994년에서 1995년까지 1년여에 걸친 세미나를 그에게 헌정하기도 했다. 거기에 더해 나는 그의 사유에 관한 체계적인 종합을 두 번에 걸쳐 시도했는데, 1988년에는 『존재와 사건』(*L'Être et*

184

l'Événement)에서(마지막 장과 성찰 37), 2006년에는 『세계들의 논리들』 (Logiques des mondes)에서였다(제7권 제2부). 존경과 비판을 담은 보다 긴 논의는 『조건들』(Conditions, 1992)에 수록되었는데, 여기서는 특히 무한의 개념, 앎의 관념, 사랑이라는 실재의 경험과 라캉과의 관계를 주목했다. 라캉의 반철학이 지니는 중대한 문제점에 대한 가장 최근의 완성된 논의는 '레투르디의 공식'(The formulas of L'Étourdit)이라는 제목으로 『라캉의 잉크』(Lacanian Ink) 제27호에 영문으로 게재되었다.

2. 조르주 캉길렘과 장 카바예스

이 글은 1982년 2월에 출간된 『앵무새』(제4호)에 실렸던 것이다. 1959년 당시 고등교육 수료증이라고 불렸던 석사 학위를 나는 캉길렘의 지도 아래 받았는데, 스피노자의 『윤리학』에 나타난 논증 구조라는 주제였다. 그러나 그 후로, 특히 1968년 이후로 그와의 관계는 소원해지고 말았다. 그럼에도 그는 나의 『주체의 이론』에 대해 칭찬을 아끼지 않았다. 하지만 『존재와 사건』에 대해서는 악평을 했는데, 그래서 "쓸모라고는 찾아볼 데가 없다"는 서신을 나에게 보내기도 했다. 국제철학학교(Collège international de philosophie)에서 1990년 12월에 그를 기리는 콜로키움이 개최되었을 때, 나는 그의 연구가 주체라는 특정한 개념의 경계를 설정함으로써 발생시킨 지식의 문제에 관해 긴 논고를 헌정했고, 이 행사의 논문들은 1993년에 알뱅 미셸(Alben Michel) 출판사에서 출간되었다. 그는 이 논문이 자신이 몰두하고 있는 문제의 핵심을 다루고 있다고 친절하게 글을 써 보냈다. 그것이 나에게 전한 그의 마지막 말이었는데, 그것은 매우 자비로웠다.

3. 장 폴 사르트르

이 글은 내가 적극적으로 참여했던 조직인 프랑스 마르크스-레닌주의 공산주의자 연합(UCFML, Union des communistes de France marxiste-léniniste)에 의해 사르트르 서거 몇 주 후 파리의 주시에(Jussieu) 대학에서 열렸던 컨퍼런스에서 발표된 것이다. 이 컨퍼런스에서 표방되었던 목적은 모호한 연설들과 자신에게 유리하게 해석하는 흐름에 맞서 사르트르와 마르크스주의 사이의, 나아가서는 사르트르와 역사 및 정치 사이의 철학적 논쟁에 대한 다소 엄격한 평가를 제시하고자 한 것이었다.

나는 이 점과 관련한 사르트르의 대작 『변증법적 이성 비판』 (*Critique de la raison dialectique*, 1960)이 컨퍼런스에 참석한 사람들, 특히 학생들 대다수에게 상당히 간과되어왔다는 생각을 가지고 있었다. 그래서 핵심에 다가가면서도 동시에 사르트르의 의도들을 정확하게 위치짓고자 하는 단순한 욕망을 가지고 있었다. 내 생각에 이를 위해 필요한 출발점은 오랜 세월 동안 진보적인 지식인들을 지배해온 논의를 펼쳤던 사르트르를 노선이 불분명한 대가 이상은 아닌 그런 사람으로 기억되는 것에서 구출하는 것이었다.

이 글을 썼던 1981년부터 지금까지도 나는 열여덟 살이었던 나에게 절대적인 스승이자 철학의 환희로 나를 인도해주었던 그에게 꾸준한 감사를 표하고 있다. 그리고 최근에 『세계들의 논리들』 제7권에서 제시한 '지점들'(이것은 주체가 전면적인 선택을 형식화할 때의 계기들에 대

한 것이다)에 대한 추상적인 이론의 중요한 한 가지 사례는 사르트르의
연극에서 차용한 것이다.

4. 장 이폴리트

이 글은 주세페 비앙코(Giuseppe Bianco)와 프레데릭 보름스가 의
장을 맡고 있는 현대 프랑스 철학 국제학회(CIEPFC, Centre international
d'étude de la philosophie française contemporaine)의 주최로 2006년 5월 27
일에 고등사범학교에서 열렸던 '장 이폴리트: 구조와 실존 사이' 기념
식에서 내가 했던 찬조 연설을 옮겨놓은 것이다.

5. 루이 알튀세르

이 글은 실뱅 라자뤼스의 주최로 파리 8대학에서 1991년 5월 29
일과 30일 사이에 열린 '루이 알튀세르 사상의 정치와 철학'이라는 콜
로키움에 기고된 것이다. 이 행사에서 발표된 논문들은 PUF 출판사에
서 1993년에 출판되었다. 그 후로 나는 알튀세르에 대해 프랑스뿐만
아니라 브라질, 오스트리아 등지에서 여러 번 언급해왔다. 이와 다른
관점에서 출발한 연구로는 『메타정치학 개요』(Abrégé de métapolitique,
1998)에 실린 「알튀세르, 주체 없는 주체성」(Althusser, le subjectif sans
sujet)을 들 수 있다.

6. 장-프랑수아 리오타르

이 글은 당시 학장을 맡고 있던 장-클로드 밀네(Jean-Claude Milner)

와 돌로레스 리오타르(Dolorès Lyotard)가 국제철학학교의 주관으로 주최한 리오타르를 기념하는 학술 행사에서 발표된 것이다. 행사에서 발표된 논문들은 2001년에 PUF 출판사에서 『장-프랑수아 리오타르, 분쟁의 실행』(*Jean-François Lyotard, l'exercice du différend*)으로 출간되었다.

7. 질 들뢰즈

이 짧은 글은 들뢰즈 서거 10주년을 기리기 위해 발간된 『문학 매거진』(*Magazine littéraire*) 특집호에 실린 것이다.

아마도 들뢰즈는 내가 가장 많은 글을 썼던 현대 작가일 것이다. 조금 뒤늦은 감이 있지만, 일례로 탁월한 편집자 브누아 샹트르(Benoît Chantre)의 의뢰로 집필된 나의 책 『들뢰즈, 존재의 함성』(*Deleuze, la clameur de l'Être*)은 1997년에 아셰트(Hachette) 출판사에서 출간되었다. 『세계들의 논리들』에서는 사건 개념을 제안하면서 한 장 전체(Book V, section 2)를 그에게 할애하기도 했다. 나는 그가 거의 모든 문제들에 대해서 나와 완벽하게 대척점에 있는 탁월한 인물이라고 생각한다. 1966년에서 1980년 사이의 붉은 시기 동안, 투쟁적인 격렬함의 시기 동안 그와의 관계는 극심한 대립의 형태를 취했다. 1976년 3월에 발간된 『이론과 정치』(*Théorie et Politique*) 제6호에 실린 나의 글 「시류와 당」(Le Flux et le parti)을 읽어보라. 그것은 일종의 분노를 옮겨 적은 것이다. 한참이 지난 후에 나는 들뢰즈를 사랑하는 법을 배웠지만, 그것은 잠재울 수 없는 논쟁 속에서 나온 것이었다. 결국은 플라톤주의와 반(反)플라톤주의의 대립이라는.

8. 미셸 푸코

이 글은 푸코가 서거한 직후인 1984년 6월에 발간된 『앵무새』(제 42호)에 게재된 것이다.

9. 자크 데리다

이 글은 2005년 10월 21일과 22일 양일에 걸쳐 파리 고등사범학교에서 열렸던 데리다를 기념하는 콜로키움에서 읽혔던 것이다. 이에 앞서 나는 한 가지 판본을 캘리포니아 대학(어바인 소재)에서 영어로 발표한 적이 있었다. 우정에 대한 다른 판본은 집필하는 데 시간을 들여야 했다. 우리 사이의 심각한 갈등에 관한 기록은 공공연한 것이었고, 1991년에 알뱅 미셸 출판사에서 출간한 콜로키움 자료집 『라캉과 철학자들』(*Lacan avec les philosophes*)의 부록에서도 이를 찾아볼 수 있다. 이 콜로키움은 국제철학학교에서 주관한 것이었다. 그 후로 거의 10년 동안 우리는 적어도 공개적으로 동맹을 유지할 수 있었는데, 그것은 그가 나에게 말했던 것처럼 "지금 우리는 동일한 적을 가지고" 있었기 때문이다. 죽음은 그러한 미래를 중단시켰다.

10. 장 보레유

나는 이 글을 보레유를 기념하기 위해 국제철학학교가 1993년 6월 13일에 파리 고등사범학교에서 주최한 콜로키움에서 발표했다. 자료집은 하르마탄(Harmattan) 출판사에서 1995년에 발간되었다.

11. 필립 라쿠-라바르트

나는 당시 막 작고한 이 친구를 기리기 위해 2007년 2월 17일에 몽트레유 극장에서 열렸던 기념식에서 이 글을 낭독했다. 나중에 이 글은 다른 기고자들의 글들과 함께 리뉴(Lignes) 출판사의 미셸 쉬르야(Michel Surya)가 이끄는 잡지 『리뉴』(*Lignes*) 제22호(2007년 5월)에 게재되었다.

12. 질 샤틀레

이 글은 샤를 알뤼니(Charles Alunni)가 이끄는 '과학적 사유'(Pensées des sciences) 연구소와 국제철학학교가 샤틀레를 기념하기 위해 2001년 6월 28일과 29일에 국제철학학교에서 열었던 콜로키움에서 낭독한 것이다. 이 콜로키움의 제목은 '질 샤틀레의 주변들: 가시적인 것의 몸짓과 편견으로부터의 해방'이었다. 이에 앞서 5년 전에 나는 그의 주저 『운동의 쟁점들』(*Les Enjeux du mobile*, 1993)에 대한 서평에서 그의 작업이 갖는 극도의 독창성에 대해 『현대』(*Les Temps modernes*) 제586호(1996년 1월)에서 논의했다.

13. 프랑수아즈 프루스트

이 글은 2001년 국제철학학교의 정기간행물 『데카르트 거리』(*Rue Descartes*) 제33호에 실린 프루스트를 헌정하는 기고문들 가운데 하나다. 1993년에 나는 그녀의 예리한 논문 「역사의 어감」(Le Ton de l'histoire)에 대한 서평을 『현대』 제565~66호(1993년 9월)에 발표했다.

비슷한 범주의 작고한 철학자들을 다루는 또 다른 헌정서로는 엘리자베트 루디네스코의 훌륭한 저서『격동기의 철학자들』(*Philosophes dans la tourmente*, 2006)이 있다.

토피아의 탐색과 사유의 윤리

1. 유서 없는 유산

상처든 영광이든 과거가 남겨준 유산으로부터 자유로웠던 시대가 과연 있었을까? 전통을 파기하고 권위를 부정하려는 최전방의 철학들조차 문헌학과 역사학의 그림자를 드리우고 있지 않은가? 그렇다면 우리가 대면해야 할 첫 번째 사항은 우리에게 남겨진 유산의 문제가 아닌가?

미국으로 망명한 독일의 정치사상가 한나 아렌트(Hannah Arendt)를 사로잡았던 물음도 이 유산의 문제였다. 그녀는 프랑스의 시인이자 레지스탕스 활동가였던 르네 샤르(René Char)의 다음과 같은 구절을 몇 번이고 반복해서 떠올렸다. "우리의 유산은 유서 없이 남겨졌다." 어린 시절을 지배했던 유대교의 전통과 관습이라는 유산, 스승이자 연인이었으나 나치에게 동조했던 하이데거 철학의 유산, 나치를 피해 도피하던 중 파리에서 만난 벤야민의 자살이 남겨준 유산 그리고 망명자의 땅 미국에서조차 벗어날 수 없었던 모국어 독일어의 유산. 양립할 수 없는 것들의 이 고통스러운 목록들 앞에서 그녀는 자신이 취해야 할 정당한 보물들을 가려내기 위해, 그것들의 사용 용도를 지정하기 위해 더욱더 자신에게 남겨진 것들을 응시해야 했고 매달려야 했다. 그것은 한편으로는 사적인 기억과 경험의 문제였으며, 다른 한편으로는 역사적인 과거와 미래 사이의 문제였고, 궁극적으로는 철학자가 행해야 하는 사유의 장소와 방향에 대한 문제였다.

그리하여 사랑에서 시작된 그녀의 발걸음은 정치를 거쳐 사유에 도달하게 되었는데,[1] 이 마지막 장소에서조차 그녀는 애정과 불신, 은밀한 참조와 검토를 반복해야 했다. 불현듯 찾아온 죽음이 글쓰기를 멈추게 하기까지, 그녀가 마지막까지 사유 속에서 붙들었던 것은 하이데거와 벤야민의 유산이었다. 그녀에게는 하이데거에게서 물려받은 근대 세계의 정신적 추락과 사유의 긴급성이 있었으며, 다른 한편에는 벤야민으로부터 물려받은 역사의 천사와 메시아적 구원론이 있었다. 신비에 쌓인 하이데거와 벤야민의 관계는 논외로 치더라도, 이 두 가지 조우할 수 없는 파도는 그녀를 거세게 밀어붙였고, 저항과 압박의 충돌 속에서 그녀는 자신만의 연안에 가닿기 위한 사투를 벌여야 했다.

---

1 아렌트의 첫 번째 지적 여정이라고 할 수 있는 1929년의 박사 학위논문은 『사랑 개념과 성 아우구스티누스』이며, 1975년 12월에 갑작스러운 죽음을 맞이하기 전까지 구상 중이던 저작은 『정신의 삶』이다. 『정신의 삶』은 사유, 의지, 판단이라는 3부작으로 구성될 예정이었는데, 마지막 3부는 집필되지 못했다.

그 결과 그녀는 폭력의 세기라 칭할 만한 20세기의 상황 속에서 정신적 힘의 와해와 소모, 억압과 몰이해를 보았던 하이데거에게서 정신의 임무를 물려받았으며, 현실에 대한 가장 하찮은 묘사들에서조차 유물론적 역사를 읽어낼 수 있었던 벤야민에게서 구원이 아니라 현실을 붙잡는 법을 배웠다. 그러나 동시에 그녀는 이 두 가지 파도를 하나의 힘으로, 하나의 방향으로 벼리기 위해 사유란 무엇인가라는 하이데거의 물음을 "사유할 때 우리는 어디에 있는가?"[2]로 옮겨 적었으며, 메시아적 구원론이라는 벤야민의 목적지를 과거와 미래 사이의 틈새에서 열리는 현재의 영원성(nunc aeternitatis)으로 돌려놓았다.

바디우의 책을 옮기고 난 후 밝히는 이 소회의 자리에서 뜬금없이 아렌트의 이야기를 꺼내는 것은 유산을 정리하는 바디우의 작업과 이를 통한 사유의 행보가 아렌트의 그것과 닮아 있기 때문이다. 물론 아렌트의 유신이 독일계 유대인들이 겪어야 했던 고통과 슬픔, 그로 인한 절망과 파국의 성좌를 그려내고 있다면, 바디우의 유산은 현대 프랑스 철학자들이 보여준 위대함과 열정, 그에 대한 흠모와 애정으로 가득 차 있다. 그럼에도 불구하고 이 두 사람 사이에는 시대적인 간극과 사상적인 차이를 뛰어넘어 애정 어린 조우를 가능하게 하는 동일한 물음들, 즉 철학이란 무엇이며 철학자란 어떤 사람이어야 하는가라는 물음들이 물어지고 있다. 게다가 샤르는 바디우가 헌사를 바치는 스승들과 더불어 레지스탕스 운동을 펼치고 실존주의에 매료되었던 프랑스 현대시의

---

2 아렌트의 『정신의 삶: 사유』에서 마지막 장에 해당하는 제4장의 제목이다.

대표적인 인물이 아닌가. 그리하여 아렌트에게는 사유의 장소로, 바디우에게는 사유의 윤리로 물어졌던 이 유산의 문제는 우리를 철학하기에 대한 두 번째 물음으로 인도한다.

2. 철학하기의 윤리

바디우에게 철학하기의 물음은 그 자신이 『철학을 위한 선언』(*Manifeste pour la philosophie*, 1989)[3]에서 밝힌 것처럼 철학에 대한 회의주의 및 철학 자체의 의무 방기와 관계되어 있다. 최근 포스트모더니즘 철학자들의 신비주의나 미학주의적인 경향은 철학을 사유 불가능한 것이나 설명 불가능한 것으로 옮겨놓고 있다. 바디우는 이러한 최근의 경향이 철학이 수행해야 할 의무를 포기하고 있는 것이며 역사의 희생자들에게 다시 한 번 악행을 저지르는 것이라고 말한다. 왜냐하면 우리가 세기의 범죄라 불리는 제2차 세계대전의 파국과 나치즘에 대해 사유할 수 있는 것이 철학의 불가능성과 무기력을 확인하는 것뿐이라면, 결국 철학이 할 수 있는 일이란 책임 회피나 자포자기뿐이기 때문이다.

이런 점에서 철학에 대한 바디우의 확신은 마르크스가 포이어바흐에 관한 열한 번째 테제와 더불어 덧붙였던 확신을 공유한다. 즉 "중요한 것은 세계를 변화시키는 것이다"와 "철학은 폐기되지 않을 것이다" 사이에 놓인 확신, 철학은 세계를 변화시키는 것이며 새로운 것으로 대체되거나 폐기되는 것이 아니라 그 자체로 스스로를 변모시켜 나

---

3 알랭 바디우, 『철학을 위한 선언』, 서용순 옮김, 도서출판 길, 2010.

가는 것이라는 확신 말이다. 그리고 우리는 여기에 아렌트가 참조했던 벤야민의 확신과 게오르그 뷔히너 상(賞) 수상 연설에서 파울 첼란(Paul Celan)이 밝힌 확신을 덧붙일 수 있을 것이다.

과거를 역사적으로 뚜렷이 표현한다는 것이 과거를 실제 있었던 그 대로 인식한다는 것을 의미하는 것은 아니다. 그것은 어떤 위험의 순간 에 섬광처럼 번쩍이는 어떤 기억을 움켜잡는 것을 의미한다. 각 시대마 다 전통을 압도하려는 순응주의를 전통으로부터 떼어내려는 시도가 새 롭게 행해지지 않으면 안 된다.[4]

토피아의 탐색은 있을 수 있는가? 물론이다! 그러나 탐색될 수 있는 것의 빛 아래, 유-토피아의 빛 아래에서 가능하다. 그렇다면 인간은? 피조물은? 이 빛 아래 있다. 이 얼마나 엄청난 물음인가! 이 얼마나 엄 청난 요구인가! 이제 방향을 바꿀 때이다.[5]

철학하기의 확신은 이처럼 이념으로서의 유토피아를 필요로 하며, 그것을 탐색될 수 있는 빛 아래로 매번 새롭게 데려오는 가운데 행해진 다. 바디우의 『철학을 위한 선언』은 이러한 철학의 가능성을 구체적인 상황과 조건들 속에서 검토하고 그것의 이념들을 새로이 정립하는 본

---

4 발터 벤야민, 『문예 비평과 이론』, 이태동 옮김, 문예출판사, 1997, 296쪽.
5 파울 첼란, 『죽음의 푸가』, 김영옥 옮김, 청하, 1986, 140쪽.

격적인 개념화 작업이라고 할 수 있다.

그에 비해 작고한 동시대 철학자들에게 바치는 이 책은 바디우가 털어놓는 철학하기의 윤리라고 할 수 있다. 여기 담긴 열네 명의 철학자들은 바디우 자신이 밝히고 있는 것처럼 그를 철학의 길로 인도한 스승들과 선배들이고, 지적인 대결을 벌였던 동료들이다. 이들 가운데는 들뢰즈나 데리다처럼 개인적인 불화(不和) 관계와 더불어 철학적으로도 결코 화해할 수 없는 사람들이 포함되어 있다. 그럼에도 불구하고 이들 모두는 상속과 거부, 계승과 단절이라는 방식을 통해 바디우가 자신만의 지적 자산을 형성하도록 이끈 20세기의 장본인들이다. 이런 점에서 이 책은 바디우 자신의 개인적인 고백의 성격과 함께 유산의 목록들을 정리하고 용도를 표기함으로써 새롭게 전유하고자 하는 철학자 바디우의 애정 어린 고찰이 들어 있다.

철학자에게 죽음조차 잠재울 수 없는 무언가가 있다면 그것은 명예도 아니고 남겨진 업적도 아닌, 진리를 향한 열정일 것이다. 독배를 마시던 날 탈출을 권유하기 위해 찾아간 친구와 제자 앞에서 소크라테스가 보여준 태도는 죽음이 철학자의 열정을 빼앗지 못할뿐더러, 그 자신의 죽음은 더더욱 관심사가 되지 못함을 알려준다. 죽음을 앞에 두고 소크라테스는 오히려 기쁜 마음을 가져야 할 이유가 생겼다고 말하는데, 이는 생의 마지막 순간에서조차 저 철학하기의 즐거움, 죽음에 대해 논할 수 있는 즐거움을 누릴 수 있기 때문이다. 자신의 죽음을 죽음 일반으로 끌어올리고 논리를 펼치는 소크라테스와 비통함을 억누르고 스승의 마지막 문답에 응답하는 제자 케베스 그리고 이들의 대화에 귀를 기울이면서 소리 없는 애도를 앞서 쏟아내었을 친구들을 생각해보라.

그리하여 바디우는 우리가 철학자에게 기울여야 하는 관심은 그의 죽음에 속한 슬픔이나 추문이 아니라 그의 삶이 철학과 함께 추구하고자 했던 사유의 윤리라고 말한다. 바디우의 판테온이 자신의 위대한 스승들뿐만 아니라 철학의 적대자들까지도 받아들일 수 있었던 것은 이들이 대문자 진리(Vérité)를 향한, 하나의 진정한 이념을 향한 추구를 삶속에서 멈추지 않았기 때문이다. 또한 이들이 기존의 전통에 순응하는 계보나 학파에 안주하지 않고 혼돈스러운 현실과의 대면을 피하지 않았기 때문이다. 이런 점에서 바디우에게 사유의 윤리란 과거와 미래 사이에서 현재의 지형을 파악하고 각각의 진리를 향해 분투하는 삶에 대한 긍정을 최대한의 가능성으로 밀어붙이는 것을 의미한다. 다시 말해 철학하기의 엄격함을 실천하기의 엄격함과 결합함으로써 최후의 긍정에 대한 승인을 이끌어내는 것을 의미한다.

주변의 비난과 야유에도 불구하고 조직의 해체와 설립을 반복했던 라캉, 학문적 필연성과 앙가주망의 필연성들을 동시에 붙들려 했던 캉길렘과 카바예스, 철학적 반목에도 불구하고 구트 도르 거리를 함께 행진했던 사르트르와 푸코, 르노-빌랑쿠르에서 노동자들과 함께 철학의 새벽을 열었던 리오타르 등, 이들 열네 명의 철학자들은 각자의 판단과 논리에도 불구하고 철학이 진리에 대한 권리를 가지고 있으며 그것은 오직 이론적이면서 동시에 실천적인 방식을 통해서만 실현될 수 있다는 동일한 신념을 공유하고 있었다. 그리하여 그들의 삶은 저 고대의 철학자가 보여준 것처럼 이념을 따르는 진정한 철학자의 삶이었으며

'영원의 철학'(philosophia perennis)을 위한 사유의 윤리를 따르는 삶이었다. 따라서 이들의 삶을 기억하는 것은 바디우에게 다채로운 형식들 너머에 있는 하나의 동일한 원칙, 사유의 윤리를 기억하는 것이며, 우리 시대의 점차 희미해져가는 철학하기에 대한 확신을 일깨우는 것이라고 할 수 있다.

3. 우리 시대의 서명자

바디우는 우리 시대가 주체적 혁신의 불가능성과 안락함 그리고 반복이라는 강박관념에 시달리고 있다고 진단한 바 있다.[6] 우리 시대를 대표하는 최고의 슬로건은 "돈을 벌어라, 가족을 보호하라, 투표에서 승리하라"[7]는 것이다. 대다수 드라마와 TV 광고가 노골적으로 강조하는 삶의 원칙이 가족에 대한 무차별적 애정과 무한한 책임이라는 것을 생각해볼 때, 이러한 가족 공동체의 윤리는 21세기 버전의 원시 공동체나 '만인에 대한 만인의 투쟁'을 연상시킨다. 유럽뿐만 아니라 우리나라를 포함한 동아시아 주변 국가들이 동시다발적으로 정치적 보수주의와 국수주의 경향을 띠어가는 것은 어쩌면 이런 연장선 위에 놓여 있는 것으로, 오늘날 세계에서는 공적인 것이 사적인 것 앞에서 굴복하고 가장의 책임이 시민의 권리보다 높은 덕목을 차지하고 있다.

최근 우리 사회에서 불고 있는 인문학 열풍은 이러한 조류와 맞물

---

6 알랭 바디우 외, 『레닌 재장전: 진리의 정치를 향하여』, 이현우 외 옮김, 마티, 2010, 42쪽.
7 같은 책, 41쪽.

려 있다고 여겨진다. 몇 년 전까지만 해도 우리는 인문학의 위기와 표류를 걱정하면서 인문학의 쓸모없음이 아카데미라는 상아탑에 갇힌 전문가적 지식에서 비롯되었다는 진단을 내린 바 있다. 그리고 인문학의 쓸모 있음을 강조하기 위한 다양한 시도들이 전개되었고, 학문 간의 소통을 시도하거나 실용적인 지식과의 적극적인 결합이 모색되었다. 그 결과 오늘날 우리는 인문학이라는 제목을 달고 있는 수십 종의 출판물들과 각종 민·관 단체 주도의 인문학 강좌들을 목도하고 있으며, 그 어느 때보다 화려하고 풍요로워진 인문학의 목소리들을 맞이하고 있다.

그러나 이러한 인문학의 부흥이 인문학의 위기를 극복하고 나온 진정한 성취라고 말하기는 쉽지 않다. 스티브 잡스의 발언에서 촉발된 인문학의 쓸모 있음에 대한 발견은 우리가 맞이한 풍요가 자본주의 시장의 거대한 프로그램에 종속됨으로써 얻게 된 반사적 이익이라는 점을 감출 수 없기 때문이다. 더 나아가 이러한 풍요는 인문학이 스스로의 정체성을 시장의 정체성으로 옮겨놓으려 한다는 점에서 앞서의 위기를 타계한 것이 아니라 외면한 것이라고도 할 수 있다. 이런 점에서 오늘날 인문학의 행보는 저 고대의 관조자 피타고라스의 다음과 같은 구분을 따르고 있는 것처럼 여겨진다.

인생은 축제와도 같다. 어떤 사람들은 시합을 하기 위해 축제에 참석하나, 어떤 사람들은 장사를 하러 참석한다. 그러나 가장 훌륭한 사람들은 구경하는 사람들(theatai)로 참석한다.[8]

200

인문학의 위기는 분명히 유희자들의 마을인 카스탈리엔(Kastalien)이 겪게 될 것과 동일한 운명에서 나온 것이다. 철학을 비롯한 인문학 전반이 고귀한 지적 유희로만 머물게 될 때, 그것은 "능동적이지도 목표를 가지고 있지도 않고 …… 기껏해야 도락과 자화자찬, 정신적인 전문가의 육성과 도야로만 기울어질"[9] 뿐이다. 그런데 구경꾼의 위기와 더불어 오늘날 우리가 맞이하고 있는 또 다른 위기는 장사꾼의 위기다. 장사꾼의 인문학이 구경꾼의 인문학보다 위험한 것은 그것이 현재의 조건과 상황을 적극적으로 이용하고 활용한다는 점에 있을 것이다. 세련된 교양은 취업을 위한 스펙의 일부가 되어가고 있으며, 인문학적인 감수성은 최고 경영자들이 습득해야 할 부드러운 리더십의 조건이 되어가고 있다. 교육을 통해 사회적 성공을 이뤄낸 중산층들에게도 인문학은 자녀들을 보다 높은 사회적 신분으로 진입시키기 위한 보충 학습이 되어가고 있다.

그렇다면 시합장의 선수가 되어 싸우는 인문학은 새로운 돌파구가 될 수 있을 것인가? '인문학과 싸우는 인문학'이라는 부제를 단 『불온한 인문학』(휴머니스트, 2011)은 싸움꾼의 인문학을 새로운 정체성의 좌표로 삼은 대표적인 사례일 것이다. 최근 출간된 『싸우는 인문학』(반비, 2013) 역시 이러한 문제의식을 공유하는 것으로, 인문학이 이론적 차원의 논의에만 머무르기보다 다기한 현실의 상황, 특히 자유민주

---

8 탈레스 외, 『소크라테스 이전 철학자들의 단편 선집』, 김인곤 외 옮김, 아카넷, 2005, 191~92쪽.
9 헤르만 헤세, 『유리알 유희 2』, 이영임 옮김, 민음사, 2011, 47쪽.

주의와 신자유주의에 대한 적극적인 실천적 개입을 펼쳐가야 한다는 논의를 다루고 있다.[10] 싸움꾼의 인문학이 우리 사회에 던져준 새로움은 그동안 방기되어온 비판 정신의 부활과 지식인으로서의 사회적 책임이다. 그리고 그것이 오늘날 절실히 필요한 요청이라는 것에는 의문의 여지가 없다.

그럼에도 여전히 불편한 마음이 남는 것은 우리가 저 피타고라스의 도식에서 한 발자국도 벗어나지 못했다는 점이다. 가령 싸움꾼에게 필요한 것은 무엇인가? 그것은 상대와의 결전에서 이기기 위한 전략과 전술 같은 모사(謀士)의 기술이 아니던가? 그렇다면 싸움꾼의 인문학이 실천적 개입을 위해 이론을 가다듬을 때, 그들의 무기는 소크라테스가 끝끝내 자신의 것으로 받아들이기를 거부했던 것, 즉 소피스트의 무기와 어떤 차이가 있는가? 물론 우리는 앞으로도 이 불온한 싸움꾼들이 전개해 나갈 싸움들을 지켜보아야 할 것이다. 그리고 인문학의 정체성을 둘러싼 이러한 풍요가 우리 시대의 민주주의가 오늘날 겪고 있는 풍요 속의 빈곤 같은 것으로 추락하지 않도록 애정과 노력을 기울여야 할 것이다.

아렌트는 과거와 미래 사이의 중간 지대인 현재가 진실의 대륙은 아니지만 우리에게 주어진 유일한 대륙이라고 피력한 바 있다. 일상생

---

10 『싸우는 인문학: 한국 인문학의 최전선』에서 기획자 서동욱은 "세상과 자신을 동시에 수리하는 '싸우는 인문학'의 정신"을 피력하고 있다. 이에 대한 구체적인 사례 가운데 하나는 강양구의 논의로, 그는 유한계급의 문화자본으로 전락한 교양 인문학이 아닌 노동자의 인문학을 주장한다.

활의 바다에서는 인간의 삶과 그 의미 전체를 파악할 수 없다. 그럼에도 불구하고 우리는 자신의 이념을 살아 있는 현재의 역사로 만들기 위해 세 차례나 배를 타고 바다를 항해했던 플라톤과 은둔자의 삶을 버리고 시장과 도시 곳곳을 돌아다니며 신의 죽음을 전파했던 차라투스트라를 비롯한 수많은 항해의 철학자들, 시장의 철학자들을 유산으로 가지고 있다. 이들에게 철학이란 지금 여기의 평화를 모색하는 것이 아니라 아직 오지 않은 미래 가능성을 오늘의 가능성으로 앞서 데려오는 것이다. 이런 점에서 데리다는 "저는 원리상, 권리상, 완전화의 가능성에 전망을 열어두고 있는 측의 편에 설 것입니다. '~의 이름으로'라는 것이 여전히 구실에 불과하고 순전히 구두적인 서약에 불과하다고 하더라도 말입니다"[11]라고 말한다. 그리고 바디우는 "현존하는 세계에 대한 당신의 비판은 무엇인가? 당신은 무엇을 새로운 것으로 제시할 수 있는가? 당신이 상상할 수 있고 창조할 수 있는 것은 무엇인가?"[12]라고 묻는다. 따라서 우리가 인문학의 위기를 극복하기 위해 펼쳐내야 하는 것은 싸움꾼과 장사꾼, 구경꾼의 패러다임을 넘어서는 미래에 대한 전망, 우리의 것으로 붙잡아야 하는 미래에 대한 최후의 긍정이 되어야 한다.

바디우는 자신의 판테온에 받아들인 철학자들이 변혁과 투쟁의 시기였던 1960년대의 서명자들이라고 말한다. 그리고 자신은 이들과 동

---

11 지오반나 보라도리, 『테러 시대의 철학: 하버마스, 데리다와의 대화』, 손철성 외 옮김, 문학과지성사, 2004, 208쪽.
12 알랭 바디우 외, 『레닌 재장전: 진리의 정치를 향하여』, 42쪽.

옮긴이의 말 203

일한 그런 서명을 누릴 자격을 갖지 못했으며 아직까지는 누구도 우리 시대의 서명자라고 말할 수 없을 것이라고 토로한다. 한 시대는 그 시대의 "보물을 계승하고 문제시하고 숙고하고 기억하는 정신"[13]을 필요로 하고, 그러한 사명을 수행한 자들에게 우리는 서명자라는 명칭을 수여할 수 있을 것이다. 그러나 바디우 자신이 밝힌 것처럼 21세기의 우리 시대는 아직까지 혼돈과 미결정의 상태이고 과거와의 화해를 끝마치지 못했다. 게다가 서명자의 명칭을 부여할 수 있는 것은 현재와 분투하는 우리가 아닌 미래 세대에게 주어진 권리가 아닌가? 그렇다면 우리에게 주어진 임무는 아직까지 끝내지 못한 유산 상속 작업과 더불어 우리 시대가 마주하고 있는 현재를 명확하게 식별해내고 생산적인 긴장 속에서 그에 대한 책임을 다하는 일일 것이다. 오직 저 도래할 미래의 현재를 위해서 말이다.

* * *

많지 않은 분량이었음에도 번역을 완료하기까지 적지 않은 시간을 흘려보냈다. 외면적인 이유는 잘라내도 계속해서 자라나는 메두사의 업무들과 씨름하는 봉급생활자의 고충이었다. 그리고 가장 중요한 요인인 내면적인 이유는 매번 새롭게 다시 시작해야 한다는 두려움과 떨

---

13 한나 아렌트, 『과거와 미래 사이: 정치사상에 관한 여덟 가지 철학 연습』, 서유경 옮김, 푸른숲, 2005, 13쪽.

림이었다. 보통의 책들은 한 호흡으로 시작해서 완결을 맺지만 이 책은 매번 다른 사람들, 그들에 대한 바디우 자신의 개인적인 경험의 무게 속에서 쓰인 것이어서 매번 다른 문체들과 대화들을 만나야 했다. 익숙하지 않은 철학자들의 경우에는 그들의 철학과 핵심 개념들을 파악하느라 쩔쩔매야 했다. 또한 처음 시도하는 프랑스어 번역이라 낯선 관용구들 앞에서는 속수무책이었다. 이런 부족함과 무능으로 인해 본의 아니게 많은 분들의 신세를 지게 되었다. 민승기 선생님은 라캉에 관한 풍부한 지식을 전달해주셨고, 번역 동무 현성환은 생소한 프랑스어식 표현들에 빛을 비춰주었다. 그리고 이 책의 번역을 제안하신 서용순 선생님은 그에 대한 책임을 지시느라 개인적으로 가장 두렵고 낯선 인물인 알튀세르 부분을 손수 꼼꼼하게 검토하는 수고를 당하셔야 했다. 뉴욕에서 영어판 책을 구해다준 친구 정은이도 빼놓을 수 없을 것이다. 또한 살아 날뛰는 문장들을 차분하게 길들여주신 권나명 님과 이승우 편집장 님, 편집부 직원들에게도 다할 수 없는 고마움을 전하고 싶다. 이 모든 분들의 도움과 애정에도 불구하고 채워지지 못한 번역상의 부족함은 계속되는 질책과 비판을 통해서 채워가야 할 나의 몫이다.

2013년 7월

옮긴이 이은정